LE PLAISIR DE FAIRE SES GRAINES

Des jardins aux champs, faire vivre la biodiversité

Pendant des millénaires, l'horizon de nos ancêtres se limitait à la ferme et au village. Au fil des siècles, les plantes et les animaux domestiques se reproduisaient là. Les échanges avec l'extérieur étaient assurés par les colporteurs qui apportaient des nouveautés du « grand monde » (dont des plantes nouvelles), par les expatriés qui revenaient au pays, porteurs de nouveautés, sans oublier les foires où l'on découvrait ces étrangetés.

C'est ainsi que se sont développées les races animales locales et les variétés végétales.

Au XVIIIe siècle, les maisons grainières sont apparues, hissant ces échanges au niveau national.

Pendant deux siècles, les grainiers ont multiplié les variétés locales, les ont améliorées, en ont créé de nouvelles à partir des anciennes, par croisements et sélections. Le progrès se constituait dans la diversité : les catalogues comptaient des centaines de variétés. Il y avait un brassage permanent entre les « nouveautés » des maisons grainières, et les plantes locales. L'agriculture se modernisait, mais en s'appuyant sur les contraintes locales de terroirs et de climat.

Les années 1950 ont été marquées par le grand chamboulement de la « révolution verte » qui a imposé des modèles techniques uniques. Animaux et végétaux sont devenus des matières premières, soumis à l'uniformisation.

Peu à peu, les noms des variétés ont changé : les noms locaux ont disparu, les variétés nouvelles ont été baptisées sans référence géographique. Puis les variétés hybrides se sont développées pour permettre la première privatisation du vivant.

En cinquante ans, des centaines de races domestiques, des milliers de variétés cultivées ont disparu.

Races animales industrialisées, variétés hybrides : tout passait par l'industrie de la reproduction (végétale ou animale). Agriculteurs et jardiniers ne pouvaient plus reproduire leurs semences. Ils devenaient dépendants d'une normalisation qui peu à peu se développait à l'échelle planétaire au seul bénéfice d'un nombre de plus en plus limité d'entreprises transnationales.

Avec les OGM, une nouvelle frontière a été balayée. Par l'insertion au milieu des gènes d'une plante des éléments provenant non seulement d'une autre espèce de plante, mais aussi d'un animal ou d'un micro-organisme, c'est la barrière entre les espèces qui a ainsi été pulvérisée... sans que personne ne sache ce que ces manipulations « contre nature » entraîneront comme conséquences écologiques.

Avec les OGM, c'est aussi la dépendance vis à vis des industries agro-alimentaires et agrochimiques qui franchit un bond supplémentaire, puisque ce sont aujourd'hui les firmes productrices de pesticides qui contrôlent la majorité des semences dans le monde.

Face à cette hécatombe dans la biodiversité, quelques-uns se sont élevés pour préserver les variétés anciennes. Il ne s'agissait pas de sombrer dans un folklore passéiste, mais de préserver les richesses naturelles... et de permettre aux paysans de produire eux-mêmes leurs semences.
Des volontaires se sont dressés contre les cultures d'OGM.
Des producteurs se sont dressés dans un front de maintien des semences paysannes.
Des pionniers sont devenus producteurs et diffuseurs de variétés anciennes ou rustiques.
Tous participent à ce combat pour la biodiversité.
Mais ce combat se déroule aussi dans chaque jardin : lorsqu'un jardinier reproduit quelques variétés, c'est un immense patrimoine qui peut être protégé.
La préservation de ce patrimoine génétique, c'est le trésor du futur. C'est à partir de lui qu'une sélection respectueuse de la nature et des humains peut faire apparaître de nouvelles variétés : saines, savoureuses autant que productives et adaptées aux terroirs.
Ce petit guide pratique essaie d'apporter sa contribution en permettant à chacun de maintenir, voire d'améliorer, les richesses de son jardin... avec en plus le grand plaisir de « faire » *ses* graines. Et de les échanger avec amis et voisins dans une grande chaîne où solidarité rime avec biodiversité.

Nous sommes
ce que nous semons.

José Bové

Introduction

Le plaisir de « faire » ses graines

Nous connaissons fort mal les graines qui sont au cœur de nos jardins et les idées fausses ne manquent pas à leur sujet. Ne dit-on pas parfois que des melons poussés à côté de citrouilles peuvent avoir un goût de courge par hybridation ? En réalité, il s'agit de deux genres différents, ce qui rend impossible tout croisement.

Au plaisir de cultiver son jardin et de produire ses légumes peut s'ajouter celui de « faire » ses graines. Ainsi, l'ensemble du cycle de développement d'une ou plusieurs variétés sera entièrement maîtrisé. Surveiller la montée à graines, voir la plante fleurir, assister à la fécondation et à la formation des graines donnent lieu à bien des découvertes. Et la beauté des fleurs de légumes est sans doute l'une des premières : graines de laitue surmontées de leurs aigrettes, longues panicules des bettes et des betteraves, ombelles des Apiacées, bleu profond des fleurs de chicorée, bouquet jaune ou blanc des Brassicacées – le potager devient jardin ornemental.

Cependant, « faire » ses graines demande un certain savoir-faire et le goût de l'expérience. Car il s'agit non seulement de récolter des graines et de les ressemer, mais également de conserver et même d'améliorer leurs caractères.

Il est certes impossible de produire soi-même l'ensemble de ses graines : cela demande trop de temps ; certaines graines sont difficiles à réussir sur certains sols et sous certains climats. Il existe, dans le commerce, d'excellentes variétés dont il serait dommage de se priver, et les pionniers des graines biologiques ont besoin du soutien de vos commandes[1].

Mais l'histoire de l'horticulture, en plus des avancées techniques accomplies, se caractérise par une diminution constante de la diversité culturale. L'homme préhistorique utilisait plus d'un millier et demi d'espèces sauvages ; dans l'Égypte ancienne, environ cinq cents légumes étaient en culture ; à la fin du siècle dernier, un manuel d'horticulture détaillait encore la culture d'une centaine d'espèces potagères. Aujourd'hui, à l'échelle de la planète, 95 % des besoins nutritifs sont satisfaits par moins d'une trentaine de plantes.

Tout jardiner qui perpétue une variété rare, ancienne ou locale, contribue modestement mais utilement à maintenir la diversité culturale.

[1] *Le Biau Germe, Germinance, Kokopelli, etc. Voir p. 142 et carnet d'adresses p. 163.*

◀ *Monarde.*

Des micro-organismes jusques aux roses

De la multiplication végétative...

Les végétaux sont devenus de plus en plus complexes, développant des organes différents : racines, branches, tiges, feuilles. Ils ont ainsi pu conquérir d'autres milieux et créer de nouveaux écosystèmes. Mais se posait le problème de leur maintien, la simple division de cellules ne pouvant plus assurer la reproduction d'organismes complexes.
La multiplication végétative représentait une solution, une partie de la plante donnant naissance à un organisme entier.

Mais cette complexité laissait les végétaux démunis, fragiles, face aux accidents climatiques. Des cellules spécialisées pouvaient régénérer un individu entier.
Leur vitesse d'adaptation était limitée aux seules mutations naturelles faisant apparaître de nouveaux caractères. Et cette multiplication végétative se faisait dans un rayon géographique limité. La capacité de dissémination se bornait à une avancée de proche en proche.
Cette capacité de multiplication végétative s'est malgré tout maintenue chez les végétaux supérieurs actuels. Une brindille tombée à terre va s'enraciner (bouturage) ; un bulbe sauvage va émettre des bulbilles ; un pied de Fraise des bois ayant trouvé un bon emplacement va occuper le terrain en émettant des stolons ; telle branche de Thym couchée par l'orage va s'enraciner (marcottage) ; tel Prunier sauvage va faire surgir un nouveau tronc de ses racines superficielles (rejet).
Jardiniers, nous utilisons ces facultés en les baptisant marcottes, bulbes, stolons, boutures, rhizomes, émission de rejets, éclats de touffes, etc.
Et la science les a reprises pour mettre au point les cultures *in vitro*. On parle maintenant des cellules souches (« totipotentes ») qui pourraient régénérer des organes déficients et rétablir des fonctions. Elles représentent un grand espoir, et éviteraient peut-être le recours au clonage et à certaines manipulations génétiques.
Véritable photocopie, la multiplication végétative ne présentait aucune capacité d'adaptation. Et la propagation était des plus limitées. Il y avait donc un grand risque de disparition totale en cas d'accident, en particulier climatique.

Dédifférenciation/redédifférenciation

À partir d'un fragment d'elle-même, la plante va donner forme et vie à un nouvel individu, copie conforme du pied mère. Ce phénomène est tellement banal que nous ne réalisons même plus son caractère prodigieux. Capacité merveilleuse lorsque les cellules d'un bourgeon, initialement programmées pour donner tige et feuille, révisent leur programme (dédifférenciation) et se mettent à produire à la fois racine, tige et feuille (redifférenciation). C'est comme si un bout de doigt, placé dans des conditions adéquates, se développait jusqu'à reproduire un nouvel individu, réplique exacte de l'original. Miracle ou cauchemar si cela s'appliquait à l'homme, telle est la capacité qu'ont conservée certaines cellules de plantes.

La Prêle, une plante d'aspect archaïque, apparue sur terre bien avant les végétaux dits « supérieurs ».

La graine, assurance survie

Cette apparition des **Phanérogames** (plantes à graines) allait modifier les choses grâce aux avantages que procurent fleurs et graines :
– *la possibilité de croisement* assurait un brassage génétique permanent, chaque nouveau caractère étant ainsi vite intégré dans la population. La multiplication des combinaisons génétiques ainsi offertes permettait aux associations les plus bénéfiques d'être rapidement mises en service ;
– *la multiplication sexuée* assurait la formation de nombreuses graines à la fois ;
– *la formation d'un organe résistant*, contenant toutes les informations nécessaires au développement d'un individu, lui permettait de traverser les aléas climatiques et de se réveiller lorsque les conditions du milieu redevenaient favorables ;
– *la petite taille des graines* facilitait leur dissémination, et donc la colonisation de nouveaux sites.
Grâce au perfectionnement progressif de cet organe de résistance, le monde végétal allait permettre le développement et la pérennité de la vie sur la Terre.

Comment fleurissent les plantes ?

Regardez un pied de Pourpier dans un coin non arrosé du jardin : ses feuilles grasses lui permettent de résister à la chaleur, mais, que survienne la canicule, il fleurit en quelques heures et libère bien vite ses graines. Les plantes de milieux désertiques ont poussé ce mécanisme à l'extrême, assurant leur cycle végétatif annuel en quelques jours ou quelques semaines, profitant ainsi de l'humidité la plus éphémère.

La floraison représente un formidable mécanisme de sauvegarde de l'espèce face aux aléas. Ainsi, lorsque la soif se fait sentir, les plantes profitent de leurs dernières ressources en eau pour fleurir et former des graines avant de mourir…
Ces semences attendront que les conditions du milieu redeviennent favorables pour donner naissance à de nouvelles plantes. La pérennité des espèces est assurée par le nombre de graines disséminées et par leur résistance à diverses situations extrêmes. Lors d'inondations, lorsque tout a pourri, asphyxié par les masses d'eau, ce sont les graines enfouies dans le sol qui vont faire reverdir la terre… Après un incendie, les graines enfouies permettent à la vie de reprendre pied dans les espaces dévastés dès que l'humidité et la température le permettent. ***En 1985, quand la température est descendue jusqu'à – 25 °C dans le sud de la France, la végétation avait disparu par endroits ; la germination des graines enfouies a redonné en quelques mois au paysage sa physionomie.***
L'évolution ne s'est pas cantonnée à donner une seule forme à ce mode de perpétuation par les graines. Au fil des temps, elle a perfectionné le dispositif en lui donnant une infinie diversité : diversité des rythmes biologiques ; diversité des organisations florales ; diversité des formes et des couleurs ; diversité des graines elles-mêmes.

Les rythmes biologiques de la reproduction

Annuelles, bisannuelles ou vivaces

Première adaptation majeure, celle du rythme de développement des plantes. Il est en partie déterminé par leur adaptation au climat, en particulier par leur résistance au froid. Les plus frileuses sont annuelles, les plus robustes vivaces.

Les conditions de vie d'un lieu donné sont déterminées par les saisons et par le climat. Égales toute l'année à l'équateur, les durées respectives du jour et de la nuit – le rythme nycthéméral – diffèrent de plus en plus lorsque l'on s'en écarte, ce qui entraîne des variations importantes au cours de l'année et des contrastes saisonniers marqués. La proximité de la mer, l'altitude, le relief, la végétation sont également des facteurs d'adaptation. À partir de l'ensemble de ces conditions, les plantes ont pu faire trois choix différents.

• *Annuelles :* elles ont choisi la rapidité – germination, croissance et floraison se succèdent la même année. ***L'horloge biologique s'est adaptée aux saisons et sonne l'heure de la floraison lorsque la durée d'obscurité l'emporte sur celle d'éclairement pour les plantes de jour court (Coton, Chanvre, Pomme de terre, etc.) et de manière inverse pour celles de jour long (Laitue, Betterave, Épinard...).*** Certaines plantes (Tournesol et Mouron, notamment), indifférentes à ce facteur, programment leur floraison sur d'autres critères (chaleur, par exemple).

• *Bisannuelles :* tout en gardant un cycle assez court, elles ont développé une certaine résistance au froid, avec la capacité de traverser l'hiver à des stades précis de leur développement. La sélection humaine, en choisissant année après année les plantes les plus résistantes – au froid, à la montée à graines –, a transformé nombre de plantes annuelles à l'état sauvage en plantes bisannuelles. C'est ainsi que la Carotte sauvage, habituée à fleurir en quelques mois, s'est transformée en une racine profitant de toute la saison pour devenir charnue et tendre, et attendant normalement l'année suivante pour durcir et fleurir.

Annuelles et bisannuelles ont

Tous les jardiniers savent que les Laitues sont très sensibles à la montée à graines une fois passé l'équinoxe de printemps.

La culture traditionnelle des Laitues d'hiver en est un exemple : semées à l'automne, elles arrivent aux gelées sous forme de rosettes plus ou moins développées, attendant le redoux pour pommer. Mais, si elles commencent à pommer avant les gelées, elles risquent d'en souffrir.

Carottes sauvages fleurissant dans l'année.

Carotte domestique devenue bisannuelle.

donc adapté leurs horloges biologiques. Mais ces rythmes n'ont rien d'immuable : ils laissent aux plantes la possibilité de réagir. Les rythmes biologiques « normaux » correspondent à des conditions de vie régulières. Lorsque celles-ci sont perturbées, l'organisme réagit et se défend en déclenchant la montée à graines lors d'un choc hydrique, thermique ou lumineux.

À l'époque de la lune rousse, les derniers froids printaniers peuvent même faire monter à graines des bisannuelles, qui les vivent comme un hiver. Se croyant déjà à leur second printemps, elles agissent en conséquence. La canicule estivale peut déclencher des phénomènes similaires si les plantes manquent d'eau ou attrapent un coup de soleil.

• *Vivaces :* elles ont adopté une autre stratégie. Chaque individu vit plusieurs années, et ce sont les différentes parties de la végétation qui se sont adaptées aux variations saisonnières.

Chez certaines vivaces, les parties aériennes disparaîtront avant l'hiver, que les organes souterrains seront seuls à traverser : racines, bulbes, rhizomes ou tubercules.

D'autres différencient leurs parties aériennes en organes tendres (feuilles, fleurs et fruits) qui tombent à l'automne, et parties dures (le bois) qui résisteront au froid ; ce sont les végétaux à feuillage caduc.

Seules les plantes à feuillage persistant passeront entières l'hiver. La plupart produiront des graines chaque année, suivant des rythmes similaires à ceux des autres plantes.

Mais les plus résistantes ne le feront qu'épisodiquement. ***Certaines espèces de Picea (résineux) ne forment des graines que tous les trois ans et n'assurent une bonne fructification que tous les six, voire sept ans ; juste ce qu'il faut pour mettre à l'abri dans la nature de quoi assurer la naissance de nouveaux individus en cas d'accidents.***

La Laitue d'hiver et la lune rousse

La tradition jardinière accorde une grande importance à la lune rousse, qui suit Pâques. À cette période de l'année où les jours l'emportent sur les nuits, deux phénomènes simultanés peuvent accélérer les rythmes végétaux. À la pleine lune rousse, lorsque le ciel est bien dégagé, la luminosité est telle que l'on y voit presque comme en plein jour. Cette clarté induit également un grand refroidissement du sol. Éclairement et fraîcheur peuvent tromper des plantes de jour long et leur faire croire que le moment est venu de produire des graines. C'est ainsi que le jardinier impuissant assiste à la montée à graines inopinée des Laitues qui commençaient juste à pommer.

La diversité des fleurs

Ce sont les végétaux supérieurs qui ont les premiers mis au point les mécanismes de la multiplication sexuée par union d'une cellule mâle (dans les grains de pollen) et d'une cellule femelle (ovule logé dans l'ovaire). La formule s'est révélée assez efficace pour permettre le développement du monde végétal, puis des espèces animales.

Il y a là un modèle d'organisation ; en effet, si toutes les fleurs sont organisées selon les mêmes principes et avec les mêmes parties, celles-ci s'agencent de manière variable.

Le module floral de base ...

La fleur s'organise selon un module de base. Quelle que soit la plante, des bourgeons spécialisés initient la formation, à partir des organes végétatifs (tiges, feuilles, branches, etc.), des organes de reproduction qui comprennent :

– ***un pédoncule*** se terminant par une partie renflée (réceptacle). Celui-ci contient l'organe femelle (ovaire) préfigurant le fruit et renfermant les ovules préfigurant les graines ;

– ***des enveloppes*** insérées sur le réceptacle et la partie terminale de l'ovaire : ***calice*** vert formé de ***sépales*** et ***corolle*** colorée formée de ***pétales*** ;

– ***les appendices sexuels*** à l'intérieur de la corolle : d'une part les ***étamines mâles*** porteuses du pollen (contenant les spermatozoïdes). D'autre part ***le pistil***, prolongeant l'ovaire, qui réceptionnera le pollen et acheminera, *via* les tubes polliniques, les spermatozoïdes jusqu'aux ovules.

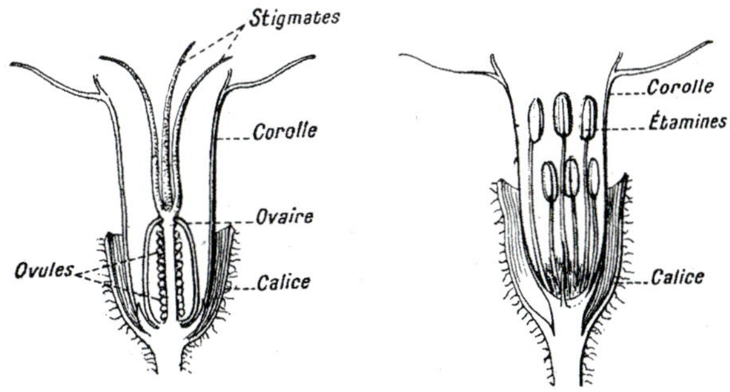

Lychnis : fleur femelle et fleur mâle.

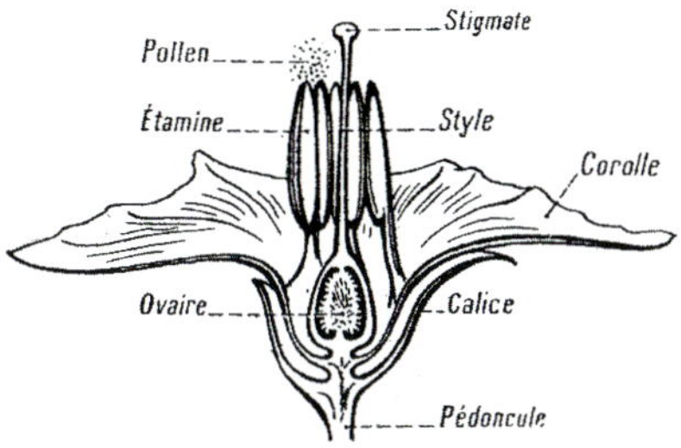

Fleur hermaphrodite de Solanacée : la fleur de Pomme de terre.

... conjugué de manière variable

Mais si toutes les fleurs sont conçues sur ce même principe, les plantes ont su l'adapter au fil du temps, donnant naissance à l'infinie variété des floraisons qui éclairent la nature et nos jardins.

Les différents types d'organisation florale et de forme des fleurs ont une influence directe sur les modalités de la fécondation, et donc de la formation des graines.

Le cas le plus simple est celui des fleurs hermaphrodites rassemblant des organes mâle et femelle : Solanacées, Liliacées, Astéracées, Brassicacées, Laitues, Apiacées, Labiées, etc.

Fleurs hermaphrodites de Pomme de Terre.

Fleurs unisexuées : à gauche fleur de Courgette mâle, à droite fleur femelle et fruit, les deux situées sur le même pied, qui est dit monoïque.

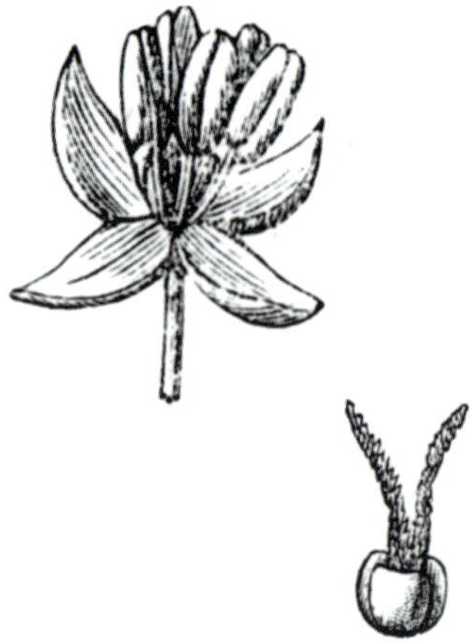

Les fleurs mâle (en haut) et femelle (en bas) du Houblon sont situées sur deux plants différents : espèces dioïques.

Un certain nombre de plantes ont, quant à elles, choisi la séparation et portent des fleurs unisexuées : mâles ou femelles. Les plantes monoïques portent les deux types de fleurs sur le même pied : Cucurbitacées, Maïs, etc. Les plantes dioïques forment des pieds mâles et des pieds femelles : Actinidia, Chanvre, Houblon, etc.

Fleurs simples de la Morelle douce-amère.

Fleurs en épis de la Cardère.

Fleurs en ombelle du Yèble.

Et sous des formes variables

La nature ne s'est pas arrêtées là. Chaque fleur s'habille à sa manière (corolle, pétale et sépale). Et chaque plante choisit d'émettre des fleurs isolées ou regroupées. Cela donne une multitude de combinaisons.

La fécondation

Définition : fécondation allogame autogame

C'est à partir de cette organisation de base que s'opère la fécondation entre le pollen et l'ovule. Cette union peut se produire soit entre pollen et ovule d'une même fleur *(autogamie)*, soit entre pollen et ovule de fleurs différentes *(allogamie)*.

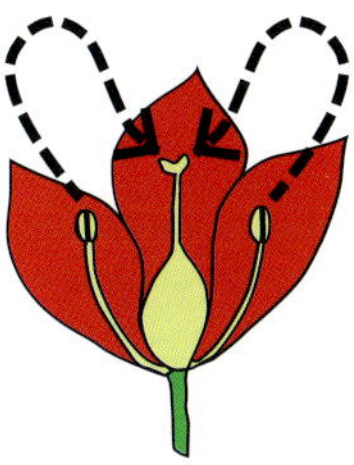

Autogamie *: pollinisation du pistil par le pollen de la même fleur.*

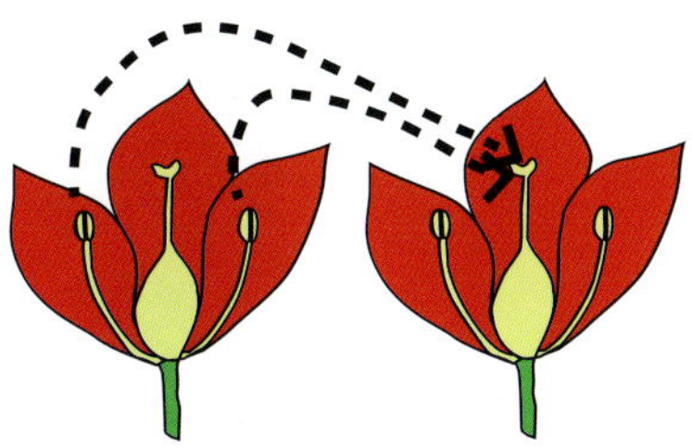

Allogamie *: pollinisation du pistil par le pollen d'une autre fleur.*

Les végétaux autogames reproduisent fidèlement d'une génération à l'autre les caractères de la plante, les différences de l'une à l'autre étant du domaine de la variabilité génétique au sein d'une même souche.

Les allogames pratiquent l'union de pollen et d'ovule de fleurs différentes. Cette fécondation croisée est, bien sûr, de règle pour les fleurs unisexuées – monoïques ou dioïques.

Mais c'est aussi le cas de nombreux végétaux à fleurs hermaphrodites :

- soit parce que pollen et ovule d'une même fleur n'arrivent pas à maturité en même temps, comme on peut le remarquer chez de nombreuses Astéracées (comme la Chicorée) ;
- soit parce que les organes sexuels mâle et femelle d'une même fleur ne peuvent pas entrer en contact et que l'apport de pollen extérieur est nécessaire à la fécondation. C'est le cas chez les Lamiacées où l'architecture florale peut atteindre des niveaux de sophistication inattendus.

Le pollen peut être véhiculé jusqu'au pistil de différentes manières : par le vent (anémophilie) lorsque les fleurs sont bien ouvertes et les étamines exposées aux agents atmosphériques ; par des animaux dans d'autres cas, en particulier par les insectes (entomophilie) pollinisateurs, surtout les hyménoptères (abeilles, bourdons, etc.) et les lépidoptères (papillons).

Ces caractères d'autogamie ou d'allogamie sont déterminants dans la production des graines.

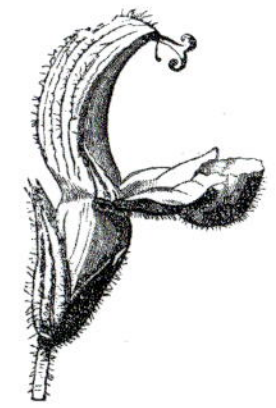

Chez la Sauge, par exemple, l'insecte vole de fleur en fleur et véhicule le pollen ; pour butiner, il prend appui sur la lèvre inférieure de la fleur : une partie de celle-ci fait office de pédale et applique l'étamine sur l'insecte, le couvrant ainsi de pollen qu'il va porter ailleurs et déposer sur l'ovule d'une autre plante.

Dans certains cas, il existe une véritable allergie entre pollen et ovule d'une même plante, comme cela se produit chez le Poirier, certains Cerisiers, les Pavots ou la Cardamine.

Attention

Cependant, l'autogamie n'est pas toujours absolue. Elle tient essentiellement à ce que pollen et ovule d'une même plante arrivent à maturité en même temps, et que leur proximité les met naturellement en présence. Cela n'exclut pas qu'occasionnellement, le pollen d'une autre fleur arrive à accéder à l'ovule d'une autre fleur.

Le Lupin, plante autogame.

Plantes autogames

- Arbres fruitiers : Abricotier, Citronnier, Pêcher.
- Céréales (sauf maïs et seigle).
- Légumineuses à graines : Pois, Haricot, Fève, Lentille, Lupin, Soja, Vesce, etc.
- Solanacées.
- Laitues.

Plantes allogames

- Arbres fruitiers : Avocatier, bananier, cerisier, poirier, pommier, prunier, olivier, vigne.
- Graminées fourragères et céréales (maïs et seigle).
- Légumineuses fourragères.
- Alliacées, Apiacées, Astéracées (sauf Laitue), Brassicacées, Chénopodiacées, Cucurbitacées, Lamiacées.

Autogames ou allogames

La plupart des plantes d'une même famille pratiquent le même type de fécondation du fait d'organisations florales similaires.

Il existe cependant de nombreuses exceptions (voir « Les graines par famille » p. 87), telles que le Maïs parmi les Céréales, la Laitue chez les Astéracées, etc.

La Chicorée, plante allogame.

La Gesce, plante autogame.

L'ail, plante allogame.

Bettes rouge et verte, plantes allogames.

Espèce et interfécondité : espèces botaniques et espèces cultivées

Pour pouvoir reproduire une variété donnée, il est très important de savoir avec quelle(s) autre(s) plante(s) elle peut se croiser, afin d'éviter des alliances indésirables. Pour s'y reconnaître, faisons un bref rappel des grandes lignes de la classification des plantes.

Au centre se situe ***l'espèce***, qui groupe les individus nés de parents communs, se ressemblant entre eux plus qu'aucun autre, se reproduisant de génération en génération identiquement à eux-mêmes. C'est donc par ce caractère spécifique que se définit la possibilité de croisement entre deux lignées de plantes. Les espèces proches sont groupées en ***genres***, puis en ***familles,*** elles-mêmes rassemblées en ***ordres***.

Ainsi la famille des Cucurbitacées comprend – entre autres – les genres Cucurbita et Cucumis. Parmi les Cucumis, nous cultivons dans nos jardins *Cucumis sativa* (Concombre, Cornichon) et *Cucumis melo* (Melon).

Les botanistes créent parfois des subdivisions, comme la sous-famille des Fabacées (anciennement Papilionacées) au sein de la famille des Légumineuses.

Si des espèces différentes d'un même genre ne peuvent se croiser, les choses sont moins simples au niveau de l'espèce. La différenciation des espèces sauvages s'est faite par adaptation à l'environnement (milieu, climat). Des individus d'une même espèce, séparés géographiquement, ne pouvaient plus se croiser ; ils ont donc évolué en espèces séparées.

C'est au sein de ces espèces agricoles (sous-espèces botaniques) que la sélection a différencié des variétés, en groupant et multipliant des individus choisis pour certains caractères précis.

C'est en partant d'observations de ce type que Darwin a pu écrire De l'origine des espèces par voie de sélection naturelle, *jetant les bases des théories de l'évolution. Colonisant les îles Galápagos, le pinson terrestre (granivore nichant au sol) a occupé toutes les niches écologiques sous forme de quatorze espèces isolées les unes des autres et ayant ainsi perdu leurs capacités d'interfécondité. Il en va de même chez les végétaux.*

Exemple du genre Cucumis

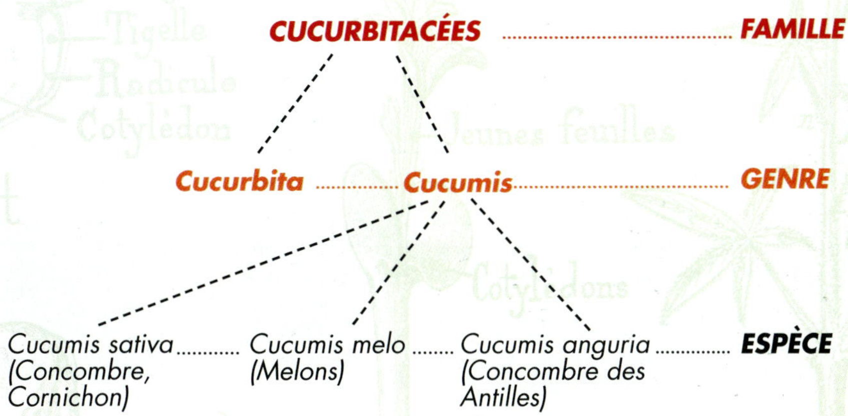

S'il est parfois difficile de savoir si des sous-espèces peuvent se croiser entre elles – par exemple, Concombre et Cornichon – ***les variétés*** d'une même espèce peuvent normalement se féconder mutuellement, y compris, la plupart du temps, avec les variétés sauvages (Carottes, Chicorées...). Mais la sélection a parfois été poussée suffisamment loin pour entraver le croisement entre variétés.
Au-delà, botanistes et horticulteurs définissent des clones (multiplication végétative), des types, des races ou des sélections, mais ces différents termes recouvrent des limites mal définies.

La domestication des plantes

La sélection humaine a joué un rôle essentiel dans l'évolution des plantes utilisées pour l'alimentation ou la santé, l'industrie ou l'énergie. En cherchant systématiquement à multiplier, dans une population végétale, les individus aux caractères les plus intéressants, l'homme a accéléré la différenciation des plantes, créant des « sous-espèces » agricoles. On parle parfois d'espèces agricoles en les distinguant des espèces botaniques.

Les hybrides

L'hybridation est d'abord un phénomène naturel. C'est même l'un des principaux facteurs – avec l'isolement géographique – d'apparition naturelle de nouvelles espèces.
Les hybrides prennent de plus en plus de place en agriculture. Pour les botanistes, il arrive que des individus proches, mais appartenant à des espèces différentes (voire à des genres différents) se croisent, ce qui constitue une exception aux limites habituelles de l'interfécondité : il y a alors hybridation qui peut se fixer et donner naissance à une nouvelle espèce.

En agriculture, la notion d'hybridation s'étend aux croisements entre variétés, aussi bien chez des plantes autogames (Tomates) que chez des allogames (Cucurbitacées).

C'est le moine Gregor Mendel qui énonça, en 1866, les lois de base de la génétique : chaque

Lavande stæchas.

caractère génétique est porté par deux gènes (« allèles »). Lors de la fécondation, le gène paternel et le gène maternel s'apparient. Si les allèles parentaux sont différents, un gène (« dominant ») va l'emporter : d'où l'homogénéité de la première génération (HF1) ; mais à la deuxième génération, les différents caractères vont se mélanger de nouveau, faisant ressortir toutes les combinaisons possibles... Comme c'est le cas pour les gènes « forme » et « couleur » des Mufliers p. 81.

Hybride : le meilleur et le pire

L'intérêt de l'hybridation réside dans la fameuse vigueur hybride : les plantes directement issues de ce croisement (les HF1) sont souvent plus vigoureuses, plus productives et plus homogènes.

Mais toutes ces qualités ont aussi leurs ***défauts***. Les hybrides sont, la plupart du temps, plus exigeants en eau, en engrais, etc. Ils ne peuvent être reproduits par les amateurs : le grainetier est sûr de voir revenir tous les ans le jardinier, sans compter que les graines hybrides coûtent beaucoup plus cher que les graines ordinaires (variétés fixées).

Un autre inconvénient majeur : on ne sait jamais si on va retrouver les mêmes hybrides au catalogue de l'année suivante.

Or les variétés hybrides sont de plus en plus nombreuses. Il devient difficile de trouver des variétés fixées pour certaines plantes : Chou de Bruxelles, Aubergine, Poivron, Concombre, Cornichon, Courgette, Endive, Melon, Tomate, etc. L'évolution est nette : dès que des variétés hybrides apparaissent pour une plante donnée, on les voit d'année en année occuper davantage le terrain. Et souvent les quelques variétés fixées qui restent encore dans les catalogues ne semblent pas toujours bien maintenues au point de vue de la qualité.

Il est indéniable que les rendements des hybrides peuvent être éloquents, certains même sont plus résistants si l'on satisfait leurs exigences. Mais leur utilisation massive entraîne la disparition ou la dégénérescence des vieilles variétés (voir la réglementation en annexe sur les « Production et commercialisation de graines » p. 148), ce qui posera problème à long terme puisque c'est d'elles que « sortent » les nouvelles variétés... dont les hybrides.

Les conséquences de la disparition de certaines variétés fixées peuvent être graves, comme en témoigne ce récit :

Il y a quelques années, aux Philippines, une des gloires de la révolution verte, le riz IR8, fut victime du virus du riz Tungro. Les producteurs adoptèrent alors le riz IR20, qui se révéla susceptible au nanisme et aux cicadelles. On passa alors au 'IR26', un super-hybride qui manifesta une résistance exceptionnelle à presque toutes les maladies et aux insectes nuisibles des Philippines. Le riz ne pouvait cependant pas résister aux vents violents de l'île. On voulut alors tenter l'expérience avec un riz originaire de Taiwan qui résistait particulièrement bien aux vents.

Ces variétés anciennes ou locales étaient le fruit de la sélection par les générations successives qui avaient mis en valeur la correspondance entre une plante et un écosystème (un terroir). Cette adéquation avait fini par s'inscrire dans les gènes.

On ne put que constater sa disparition presque complète : les fermiers formosans avaient presque tous adopté le IR8.

Dr Norman Myers, *Les Semences de la Terre*, p. 39, 1978.

Maintenir la diversité des variétés, ce n'est donc pas du romantisme. Si des producteurs professionnels, soumis aux lois du marché, ont besoin de produits normalisés, homogènes, très productifs, ce n'est pas le cas des jardiniers amateurs. D'autant que les critères de sélection auxquels sont soumis les hybrides accordent souvent plus d'importance au calibre ou aux facilités de manutention des produits qu'à leur saveur ou à leur rusticité.

Conserver la biodiversité

La plupart du temps, un jardinier amateur obtiendra d'aussi bons résultats avec des variétés fixées qu'avec des hybrides ; en achetant des graines de variétés fixées, il contribuera à entretenir une demande et, par voie de conséquence, à favoriser le maintien et l'entretien de la diversité variétale ; il pourra aussi multiplier lui-même les variétés qui l'intéressent, ou qui se font rares.

Pollinisation d'une fleur de Sauge.

Butinage d'une fleur de Coquelicot.

Les insectes sont les principaux artisans des hybridations spontanées, prélevant le pollen d'une fleur paternelle pour le porter sur le pistil d'une fleur maternelle au hasard des butinages.
Le fruit issu de cette fécondation sera semblable à ceux de la lignée maternelle. Mais ses graines donneront des fruits différents par recombinaison des gènes parentaux.

De quoi sont faites les graines ?

La fécondation va déclencher la formation des graines. Leur nombre correspondra au nombre d'ovules contenus dans chaque ovaire et fécondés par les spermatozoïdes contenus dans le pollen. Si l'ovule préfigure la graine, l'ovaire préfigure le fruit. C'est particulièrement flagrant chez le genre Cucurbita, la fleur femelle se reconnaissant à son ovaire situé sous les pétales, miniature du fruit adulte.

La graine comprend :

– ***des téguments,*** dont le rôle est d'assurer la protection de la graine ; cette protection peut être tellement forte qu'elle entraîne une inhibition de la germination (voir « La dormance » p. 74) ;

– ***un embryon***, de taille variable, comprenant la ***radicule*** (racine), la tigelle (tige principale), la gemmule (tige et feuilles) et le (ou les) ***cotylédon***(s), feuille primordiale qui donnera les premières feuilles (cotylédonaires), permettant à la plante de passer à un fonctionnement autonome ;

– ***des réserves*** (***albumen***) assurant la nutrition de la plante lors de la germination, le temps que les racines et les feuilles lui permettent de se nourrir dans le sol et dans l'air. Réduites à presque rien dans les graines les plus fines (Orchidées, par exemple), ces réserves sont importantes dans les grosses graines. Elles peuvent être riches en protides (Légumineuses), en glucides (Graminées) ou en lipides (Colza, Tournesol, Soja).

Chez certaines plantes, les réserves seront stockées dans le cotylédon, et l'albumen sera limité, voire absent, comme chez les Légumineuses. Ainsi constituées, les graines sont des concentrés de vie, contenant peu d'eau (de 5 à 18 %), protégées par leurs téguments, attendant que les conditions (climatiques, photopériodiques, thermiques...) soient favorables à leur germination.

La graine est elle-même intégrée – seule ou avec d'autres – dans le fruit, qui peut prendre des formes variées. Le fruit a pour origine les parois de l'ovaire qui vont se développer plus ou moins autour de la graine et constitueront le ***péricarpe***. Il pourra parfois s'agir du renflement de la base des sépales et des pétales, et du réceptacle.

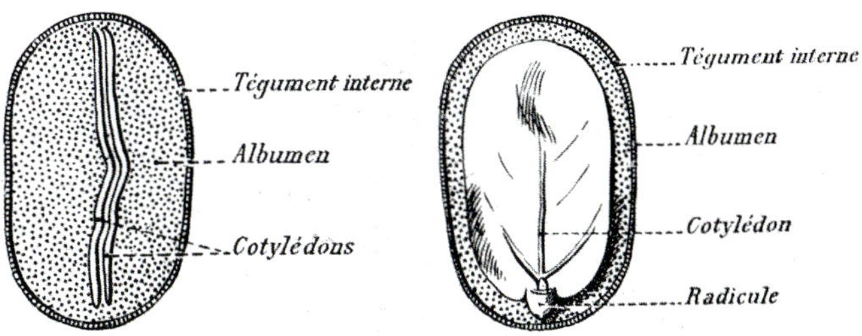

Graine de Ricin.

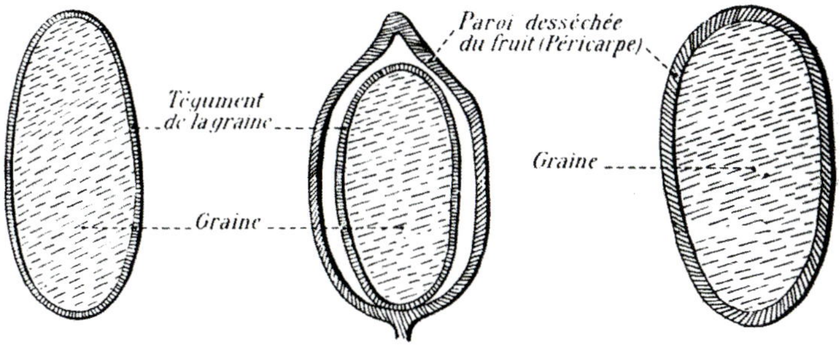

Différents types de graines.

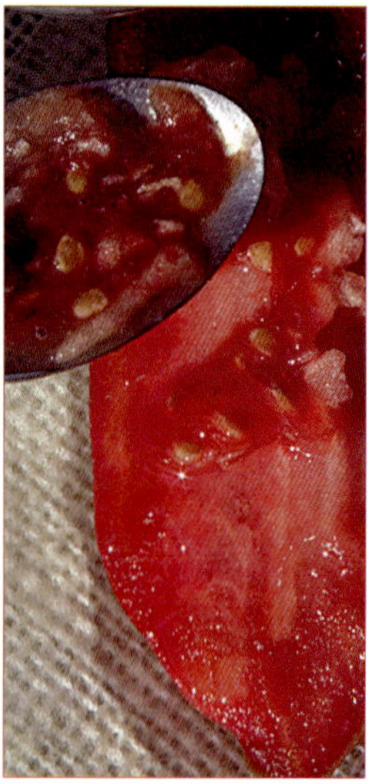

Graines de Tomate.

Fruits vrais ou faux et graines

Résultat de la transformation de l'ovaire après la fécondation, le fruit peut prendre des formes variées :

– ***Les fruits charnus*** ont un péricarpe épais et riche en eau. Dans les baies, une mince pellicule sépare la graine de la chair : Raisin, Solanacées, Cucurbitacées... Dans les drupes, cette pellicule est scarifiées et la graine est enfermée dans un noyau dur (Cerise) pouvant prendre l'aspect d'une capsule (Noix, Amande). Certains sont en fait la juxtaposition de fruits multiples (Framboise, Mûre).

– ***Les fruits secs*** ont un péricarpe ligneux, mince, pauvre en eau. S'ils sont indéhiscents, ce sont des akènes : on a l'impression que la fleur ne donne naissance qu'à des graines, car le péricarpe semble avoir disparu ; c'est un cas très fréquent : Apiacées, Astéracées, Chénopodiacées, etc. Cela donne aussi les Graminées (le fruit s'appelle alors caryopse), certains « fruits secs » (tels que Châtaigne, Gland, Noisette) et les fruits ailés (Samares des Frênes, des Ormes, des Érables, etc.)

– Dans d'autres cas, les péricarpe forme une enveloppe déhiscente qui s'ouvre pour libérer les graines : follicule (hellébore), gousse (Légumineuses), siliques (Brassicacées), capsule (Papavéracées...).

– Il y a enfin des ***faux fruits*** dont la chair ne résulte pas du développement des parois de l'ovaire, mais de celui des organes protecteurs de la fleur ; c'est le cas des Fraises, des Figues, des Pommes et des Poires.

Un faux fruit : la Fraise.

Un fruit sec : la Noisette.

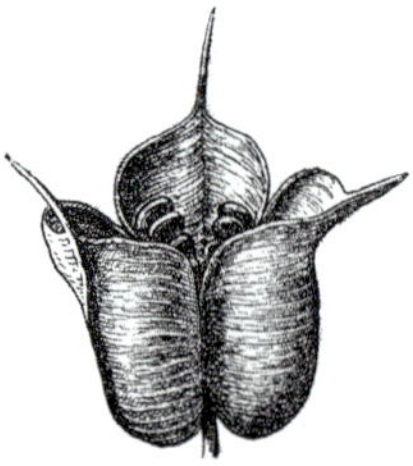

Follicules ouverts d'Hellébore.

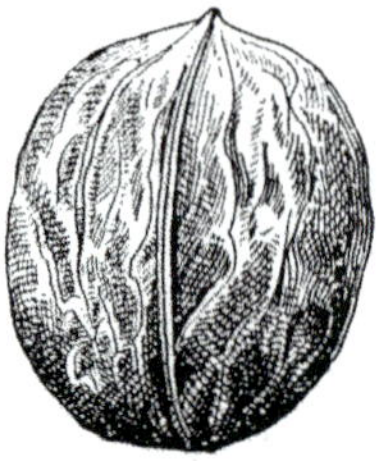

Deux fruits charnus : la Noix et la Cerise.

La Mûre : juxtaposition de fruits charnus multiples.

La dissémination des graines

Dans la nature, si les graines se contentaient de tomber au pied de la plante mère pour y germer, le sol serait encombré de jeunes plants sur une surface limitée. La nature a bien fait les choses en imaginant divers systèmes et modalités permettant la dissémination des graines, soit qu'elles se répandent d'elles-mêmes, soit qu'elles le fassent à l'aide d'agents extérieurs.

• *Dissémination active :* certains fruits secs s'ouvrent brutalement à maturité, projetant leurs graines alentour ; c'est le cas du de l'Ancolie, du Genêt, de la Balsamine, de certaines Brassicacées (siliques de Choux). Le Concombre sauvage se détache et s'ouvre à maturité en projetant ses graines à plus de un mètre. L'Arachide allonge le pédoncule de ses fruits pour les enterrer autour du pied mère ! La graine de Folle Avoine comporte une arête qui se déplie à l'humidité et pousse la graine à chaque changement de l'état hygrométrique de l'air.

Graine ailée de l'Érable.

• *Dissémination passive :* la majeure partie de la dissémination est assurée par des agents extérieurs. Les graines très fines ou légères sont emportées par le vent ; c'est aussi le cas de graines plus importantes munies d'ailettes (Orme, Érable, Frêne...) ; sans oublier les « plumeaux » des Laitues ou des Pissenlits. D'autres sont véhiculées et dispersées par l'eau.

Les animaux sont aussi d'importants disséminateurs de graines. Les oiseaux mangent les fruits et rejettent les graines dans leurs excréments. Les rongeurs en stockent pour leurs réserves d'hiver. Les animaux plus gros ramassent avec leur toison ou leurs poils nombre de graines à crochets dont ils se débarrassent plus loin. À l'époque où la transhumance estivale était importante, les itinéraires suivis par les troupeaux étaient marqués par l'implantation d'espèces méridionales dans des zones parfois très éloignées de leur habitat d'origine.

L'homme, bien sûr, est devenu au cours des siècles le principal disséminateur, volontairement ou non. On voit même de nos jours des espèces faire le tour du monde, véhiculées par les avions !

Graines de Courges.

Graines de Poireau bleu de Solaize.

Graine du Pissenlit.

Graine de Clématite.

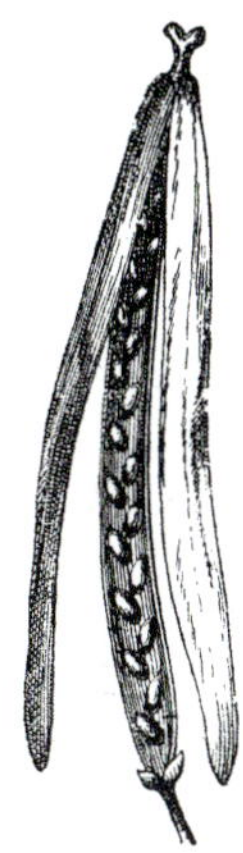

Silique ouverte de Giroflée.

Comment germent les graines ?

La plupart des graines germent indifféremment à la lumière ou à l'obscurité. Mais certaines (Alliacées) préfèrent l'obscurité, alors que d'autres (Sarriette...) ont besoin de lumière pour germer et devront donc être à peine recouvertes lors du semis.

Séparée de la plante mère et ayant trouvé un refuge, la graine attend que les conditions de développement d'une nouvelle plante soient réunies. Cette attente peut durer quelques jours, des années, voire des siècles.

Certaines graines peuvent germer avant même d'être détachées de la plante mère. On peut ainsi voir des grains de Blé germer dans des épis exposés à la pluie, ou des germes émerger de capitules d'Oignon. D'autres, au contraire, doivent poursuivre leur maturation pendant plusieurs mois avant de pouvoir germer (deux ans, par exemple, en conditions moyennes pour le Pêcher).

Sarriette des montagnes.

Pour avoir la faculté de germer (pouvoir germinatif), il faut que la graine soit mûre à la fois morphologiquement (aspect extérieur et conformation) et physiologiquement (état de l'embryon). Ce pouvoir germinatif peut se maintenir plus ou moins longtemps selon les plantes (voir tableaux p. 150 et suiv.) et les conditions de conservation.

Les conditions nécessaires à la germination

Pour germer, les graines ont besoin d'une certaine quantité d'eau, d'air, de chaleur et, pour la plupart, de lumière.

L'eau réhydrate la graine – qui n'en contient que de 5 à 18 % – , ramollit les téguments, pénètre dans la plantule, l'albumen et le cotylédon, et solubilise les réserves, relançant la circulation interne.

L'air assure la reprise de la respiration nécessaire pour assurer le métabolisme.

La chaleur permet aux réactions biochimiques de reprendre. Pour chaque espèce ou variété de graine, il existe une température minimale au-dessous de laquelle elle ne germe pas, une température maximale au-delà de laquelle elle ne germe plus, et une zone de température optimale pour laquelle la germination se fait plus rapidement et avec le meilleur taux de réussite (voir tableaux p. 150 et suiv.).

Si la lumière est une nécessité vitale pour le développement de la plante, son rôle est plus variable dans le processus de la germination. Il arrive que la germination ne se fasse pas alors que les conditions optimales sont réunies. Il peut s'agir de graines « mortes », ayant perdu leur pouvoir germinatif. Mais il s'agit souvent d'une incapacité temporaire, d'un état de dormance (voir p. 74).

La dormance permet que toutes les graines ne germent pas en même temps ; c'est une garantie supplémentaire de survie de la lignée.

Comment évoluent les plantes ?

L'évolution est d'abord le résultat de l'influence du milieu, c'est-à-dire d'un certain nombre d'interactions.

C'est seulement il y a quelques millénaires que l'influence de l'homme a pris de l'importance et s'est imposée comme autre facteur majeur. Cette influence s'est principalement traduite par la domestication de végétaux et d'animaux et la sélection des espèces, races animales et variétés végétales. Et cela fait à peine quelques siècles que l'action humaine a réellement influé sur l'environnement.

Chaque espèce représente un potentiel génétique dont seule une petite partie s'exprime.

La sélection naturelle s'effectue sur chaque organe et à chaque étape du développement ; au fil des générations, chaque plante a retenu un type de système racinaire, un type de tige et de feuille, de fleur et de graine, le tout formant l'ensemble le plus performant par rapport à des conditions données.

Pour les plantes sauvages, la capacité de mettre des graines en réserve a été décisive. C'est pourquoi les graines sauvages sont souvent difficiles à faire germer.

En revanche, la sélection humaine s'est faite sur des critères bien différents, entraînant les graines dans une tout autre voie.

Graines cultivées / graines sauvages

Alors que la graine sauvage doit survivre face aux aléas de la nature, la graine cultivée est l'objet de toute notre attention. Si les critères de résistance au froid ou à la sécheresse ont joué dans les deux cas, l'homme en a ajouté d'autres : productivité, goût, facilité de culture, etc. Préservées des conditions du milieu par les cultivateurs qui les récoltaient pour les ressemer, les graines ont évolué ; les dormances protectrices se sont amoindries ; la germination est devenue d'autant plus facile à obtenir que la plante a été sélectionnée par l'homme. La différence est parfois flagrante entre des plantes proches parentes. Ainsi des Apiacées : le Persil a peu évolué depuis l'époque gallo-romaine, sa germination est assez difficile, alors que sa cousine la Carotte, qui a fait l'objet d'une sélection continue, a une germination plus facile, contrairement au Panais qui a peu bougé depuis des siècles et qui, habitué à se ressemer d'année en année, demande des graines fraîches et exige plusieurs semaines pour lever.

Tri de semences d'Asphodèles sauvages.

***Le Thym de garrigue** (« thym d'été ») a de petites feuilles vert-gris, sèches, des tiges boisées et dures, une croissance lente adaptée à son écosystème. le Thym allemand (« thym d'hiver ») a des feuilles vert foncé à reflets rougeâtres, plus tendres et plus charnues, une végétation moins boisée et une croissance plus rapide. Les plantes poussant en bord de mer s'adaptent au sel et au vent.*

Thym allemand.

Les facteurs d'évolution

Lorsque l'on regarde des espèces ou des variétés voisines poussant dans des milieux différents, on s'aperçoit qu'il existe un certain nombre d'adaptations aussi bien morphologiques que physiologiques.
À partir d'une même souche sélectionnée sur des critères différents, l'homme a obtenu des variétés différentes ; le Poireau « géant d'Elbeuf » grossit rapidement mais craint les gelées, tandis que le « bleu de Solaize » est très résistant au froid et atteint sa taille maximale en fin d'hiver : le premier est une variété d'automne, le second une variété d'hiver.
La sélection peut aussi se faire sur l'utilisation alimentaire, en favorisant tel ou tel organe : ainsi l'agriculture a différencié des variétés de Maïs donnant un maximum de végétation Maïs fourrage) et d'autres donnant un maximum de graines (maïs grain), voire des grains doux et sucrés (maïs doux). Autre exemple : *Cucumis sativa* a été sélectionné pour produire soit de nombreux petits fruits (Cornichon), soit moins de fruits plus gros (Concombre).
On peut citer encore la Bette (*Beta vulgaris*) qui a évolué sous la forme d'une racine (Betterave) de plusieurs types (potagère, fourragère, sucrière) ou d'une plante à grandes feuilles (Bette, poirée), à pétales larges (Carde) ou étroits (Bette-Épinard).
Dès qu'une lignée intéressante est obtenue, l'important est d'en maintenir les caractères, d'en faire une variété fixée. Pendant longtemps, cela s'est fait localement, chaque variété étant baptisée d'un nom vernaculaire. Par le biais des échanges, on retrouve ainsi une même variété sous des noms différents dans des régions plus ou moins éloignées.
Multiplier, ce n'est pas seulement laisser grainer et tout récolter ; c'est surtout choisir, dans un ensemble de plantes (population), celles qui donneront des graines ; faute de quoi, on assiste rapidement à la dégénérescence des variétés. Pendant des siècles, la sélection a progressé lentement, intégrant de façon plus ou moins empirique les caractères intéressants. L'apparition et le développement des hybridations artificielles ont considérablement accéléré le processus.
Il s'agit, à présent, de féconder artificiellement les fleurs femelles d'une lignée (maternelle) avec le pollen d'une autre lignée (paternelle) après avoir mis hors jeu les étamines de la lignée maternelle. Au lieu d'attendre qu'un caractère intéressant apparaisse et de tenter de le fixer, on cher-

Un recensement partiel

Le premier recensement officiel des variétés de légumes cultivés en France date de 1953 : c'est le *Catalogue officiel des espèces et variétés* publié tous les ans par le GNIS (Groupement national interprofessionnel des semences et des plants) ; il groupe les variétés que l'on trouve dans le commerce – un certain nombre de variétés locales n'y ont pas trouvé place. À l'heure actuelle, chaque variété inscrite est définie par un certain nombre de caractéristiques qui la différencient et que chaque génération doit reproduire.

che à regrouper les caractères intéressants de plusieurs espèces ou variétés. Pour cela, on effectue des hybridations, et l'on retient les variétés qui donnent les meilleurs résultats ; les deux lignées parentales sont alors maintenues séparément et croisées à chaque génération.

Des Choux nés de la sélection humaine

Un bel exemple de domestication est celui des Choux : une famille (Brassicacées), un genre (Brassica), une espèce botanique (Oleracea) qui, à elle seule, groupe de nombreuses plantes cultivées très différentes les unes des autres, auxquelles les botanistes ont dû donner des noms de sous-espèces, marquant une limite inférieure à l'espèce pour l'interfécondité. À partir d'un Chou sauvage (encore présent sur les côtes), l'homme a sélectionné progressivement des lignées.

Cette sélection s'est opérée sur le développement d'organes différents :

- ***feuillage abondant*** pour les Choux frisés non pommés (Acephala) ;
- ***feuillage resserré en pomme unique*** pour les Choux pommés (Capitata) rouges ou verts, cabus ou de Milan (Subauda) ;
- ***inflorescence hypertrophiée unique*** : Chou-fleur (Botrytis) ;
- ***inflorescences regroupées*** mais multiples : Brocoli (Italica),
- ***bourgeons axillaires pommant*** : Chou de Bruxelles (Gemmifera),
- ***collet hypertrophié*** : Chou-rave (Gongyloides)...

Le Crambe ou Chou sauvage est à l'origine des espèces de choux cultivés.

Chou vert.

Chou chinois.

Chou-rave.

Chou de Bruxelles.

Les graines du commerce

Même si vous multipliez vous-même quelques variétés de légumes, de fleurs ou d'aromates, vous continuerez à acheter la plus grande partie de vos graines. Or il n'est pas toujours facile de s'y retrouver dans le foisonnement des catalogues et des linéaires. Alors que c'est bien souvent ce premier choix qui va vous faire découvrir les plantes que vous voulez cultiver et, plus tard, peut-être multiplier.

Les pionniers de la biodiversité

Vous pouvez bien sûr acheter vos graines dans les jardineries ou rayons graines des hypermarchés.

Mais si vous souhaitez vraiment participer au maintien de la biodiversité, à la promotion des variétés rares, alors vous vous tournerez d'abord vers celles et ceux qui produisent et diffusent des graines rustiques, rares, biologiques ;

– Le Biau Germe, fondé il y a plus de vingt-cinq ans par Sylvia Smidt est devenu un groupement de fermes biologiques ;

– Germinance, animé par François Delmont, pionnier de la graine biodynamique ;

– Kokopelli, animé par Dominique Guillet, véritable fondu de la biodiversité...

Nous vous les présenterons en fin de ce livre (voir p. 141).

Variétés hybrides ou variétés fixées ?

Le jardinier amateur obtiendra la plupart du temps d'aussi bons rendements avec les variétés fixées qu'avec les variétés hybrides... sans avoir à satisfaire les exigences de ces dernières (plus exigeantes en eau, en engrais...). L'un des arguments en faveur des hybrides est de proposer des variétés hâtives permettant de récolter assez vite dans des régions (montagne, piémont...) où la saison de culture est courte ; les hybrides auraient ainsi permis de faire remonter vers le nord ou en altitude certaines cultures : Tomates, Aubergines, Melon, etc. En ce qui concerne la multiplication, il n'est pas question pour un amateur de reproduire les hybrides... Il peut juste s'amuser, en semant les graines qui en sont issues, à faire ressortir les types présents dans leur capital génétique, voire à jouer au petit créateur (voir p. 80).

L'étiquetage

Les étiquettes portent un certain nombre d'indications ; certaines sont importantes pour l'utilisateur, d'autres n'ont qu'un caractère publicitaire. La mention principale est le nom de l'espèce et de la variété. Si cela suffit pour identifier les légumes et la plupart des plantes ornementales, la confusion est possible pour certaines plantes ; le nom botanique – nomenclature internationale en latin – est alors indispensable pour identifier la plante. C'est le cas pour des plantes aromatiques ou médicinales avec lesquelles des espèces voisines, aux noms variables selon les pays ou les régions, peuvent être confondues. Ainsi, les espèces françaises de Marjolaine (*Origano* des Italiens) et d'Origan ; les multiples variétés de Menthe, qu'il vaut mieux multiplier de manière végétative ; l'Estragon de Russie, qui se sème facilement (mais qui est insipide), peut se confondre avec l'Estragon vrai (parfumé, mais stérile) ; la Verveine officinale avec la Verveine citronnelle, etc. Il en va parfois de même pour les fleurs, mais, dans ce cas, les photos permettront de les identifier.

La réglementation distingue un certain nombre de catégories : « semences », « semences standard », « semences certifiées », « obtention à reproduction interdite », etc. Chaque catégorie correspond à des critères qualitatifs et à un niveau de contrôle donné. Tous les conditionnements doivent porter le numéro du lot dont sont issues les graines, seul moyen de contrôle (et seule référence de recours) des qualités de germination ; les grainiers sont tenus de garder un échantillon de chaque lot. Les maisons de graines doivent effectuer régulièrement des tests de germination (voir p. 73), puis envoyer aux détaillants des listes de graines (numéros des lots) à retirer de la vente.

Péremption

Il y a parfois des dates de limite d'utilisation, mais elles ne peuvent constituer une garantie absolue ; la graine reste un être vivant dont personne ne peut prédire avec certitude la durée de vie. Et si les maisons de graines conservent les semences dans des conditions optimales, il n'en va pas de même pour le détaillant... ni pour le jardinier, en particulier en ce qui concerne la température ou l'humidité.

Graines traitées... ou non ?

Les graines sont sensibles à un certain nombre de parasites ou de maladies ; par exemple, la plupart des Légumineuses sont sujettes aux attaques d'un petit coléoptère (la bruche) et donc traitées en conséquence. Contre les champignons, les techniques de séchage et de conservation permettent souvent d'éviter le recours à un traitement spécifique.

Si les graines sont traitées, la nature du produit utilisé (matière active) doit figurer clairement sur l'emballage, et pas seulement le nom de sa marque commerciale.

Le problème est le même que pour les fruits ; mis à part les graines de culture biologique, il ne s'agit jamais que d'une absence de traitement après récolte... sur des végétaux traités, plus ou moins abondamment, en culture. Faites-y attention et interdisez aux enfants de manipuler ces graines.

Les emballages

Autrefois, les marchands grainiers pesaient et empaquetaient les graines en magasin ; glorieuse époque de ces boutiques tapissées de petits tiroirs aux étiquettes calligraphiées.

Les grainiers indépendants, qui conçoivent eux-mêmes leur catalogue avec des graines de marques différentes, sont devenus rares. Les graines arrivent tout emballées chez les revendeurs, qui les alignent sur les présentoirs. Attention aux sachets fripés

La délocalisation des productions dans des régions du monde où ne sévit pas (pour le moment ?) tel ou tel ennemi des cultures permet d'obtenir des graines saines. La Tanzanie – où l'anthracnose est inconnue – s'est ainsi spécialisée dans la semence de Haricot. Reste à savoir si cela ne posera pas, à terme, des problèmes d'adaptation des variétés aux climats tempérés.

Il ne faut pas remettre tels quels dans les sachets les excédents de graines d'un semis ; il vaut mieux d'abord les envelopper dans du papier absorbant. Il faut savoir que, d'une année sur l'autre, la conservation est aléatoire, même pour des graines de grande longévité (voir « Le stockage », p. 69).

ou tachés, à ceux qui ont subi une longue exposition au plein air, à la lumière ou à la température ambiante : la vitalité des graines peut en souffrir.
Les sachets de papier, carton ou cellophane conservent les graines dans des conditions à peu près identiques à celles des locaux de stockage ; le mode de stockage est alors fondamental : les sachets doivent être rangés dans des endroits secs et frais, dans des conditions de température et d'humidité homogènes (voir « Le stockage », p. 69).
Ces conditionnements cèdent de plus en plus la place aux emballages hermétiques en aluminium (souvent associé au plastique). Ils protègent les graines de l'air et de l'humidité, mais, une fois ouverts, ils se retrouvent soumis aux conditions atmosphériques... et comme ils condensent l'humidité, il faut redoubler de vigilance et ne pas laisser un sachet ouvert sur la terre du jardin.

Graines... et graines

Des graines différentes sont apparues sur les catalogues depuis quelques années. Leur conditionnement a été mis au point pour les producteurs, afin qu'elles soient adaptées aux techniques modernes de production et à la mécanisation des exploitations.

- *Les graines calibrées* sont destinées aux semoirs de précision ; il y a de 800 à 1 200 graines de Carotte dans 1 gramme, soit 50 % de variation ; le calibrage est donc un tri groupant les graines de même calibre et permettant des semis homogènes ; son intérêt est limité pour l'amateur qui sème à la main.
- *Les graines pelliculées* sont des graines calibrées qui ont été traitées, généralement par un fongicide, pour éviter la fonte des semis.
- *Les graines enrobées* sont enveloppées d'une substance inerte (tourbe, gypse...), plus ou moins imprégnée de produits phytosanitaires. Elles ont la forme de petites billes de calibre homogène ; prévues pour des semoirs de précision, elles doivent être utilisées rapidement après ouverture du sachet. Une fois les emballages ouverts, l'enrobage s'imprègne de l'humidité ambiante, ce qui peut entraîner une baisse très rapide des facultés germinatives.

Ces trois types de graines correspondent aux impératifs techniques des professionnels ; leur intérêt est donc quasi nul pour le jardinier amateur.
Deux autres types de présentation se développent à destination des amateurs : rubans et tapis de semis. Il s'agit de matériaux inertes et biodégradables (papier, tourbe, feutre végétal) sur lesquels les graines sont disposées à intervalles réguliers. Les rubans sont destinés aux semis en ligne, les tapis aux semis en pépinière (salades, Poireaux) ou en petits carrés (Carottes, Radis...). Le but est d'obtenir directement et rapidement une levée homogène à bon écartement, et d'éviter un éclaircissage. Cela peut se révéler intéressant dans un petit jardin et lorsque l'on manque de temps. Mais ce n'est pas dans

ces conditionnements que vous trouverez des variétés originales ou anciennes à perpétuer… et cela revient nettement plus cher qu'un sachet de graines.

L'heure du choix

Le choix est parfois difficile devant le foisonnement des catalogues et des étalages ! Les variétés modernes déclinent des gammes adaptées aux techniques de pointe de la production légumière intensive, diversité souvent mal adaptée au jardinage amateur.

La culture sous serre a permis aux producteurs de légumes de faire échapper certaines cultures aux impératifs saisonniers. La sélection de variétés résistantes à la chaleur et à la sécheresse a maintenu les Laitues – surtout les Batavias – dans les jardins d'été, au grand dam des Chicorées, jugées plus dures, qui ont perdu du terrain en quelques années.

La multiplication des variétés hybrides, propriétés privées des maisons obtentrices, a pour principal intérêt d'assurer à leurs producteurs des parts de marché. Si vous souhaitez vous lancer dans la multiplication, choisissez de préférence des plantes plus rares, anciennes ou non… Vous pouvez ainsi chercher à adapter dans votre région une plante qui n'y est pas habituellement cultivée ; il vous faudra alors faire attention à ses exigences, et ne pas chercher à les modifier trop brusquement.

Autrefois, la culture des salades variait selon les saisons. Le printemps était la saison des Laitues – pommées, romaines puis Batavias. Venaient ensuite, l'été et l'automne, des Chicorées scaroles et frisées, qui supportent mieux les grandes chaleurs et qui sont plus lentes à monter à graines. L'arrivée du froid ouvrait la porte aux cornettes (Chicorées en cornet), puis aux Chicorées sauvages, Mâches, Pissenlits et Endives.

Emballages de graines produites par des pionniers de la biodiversité.

PRODUIRE SES GRAINES

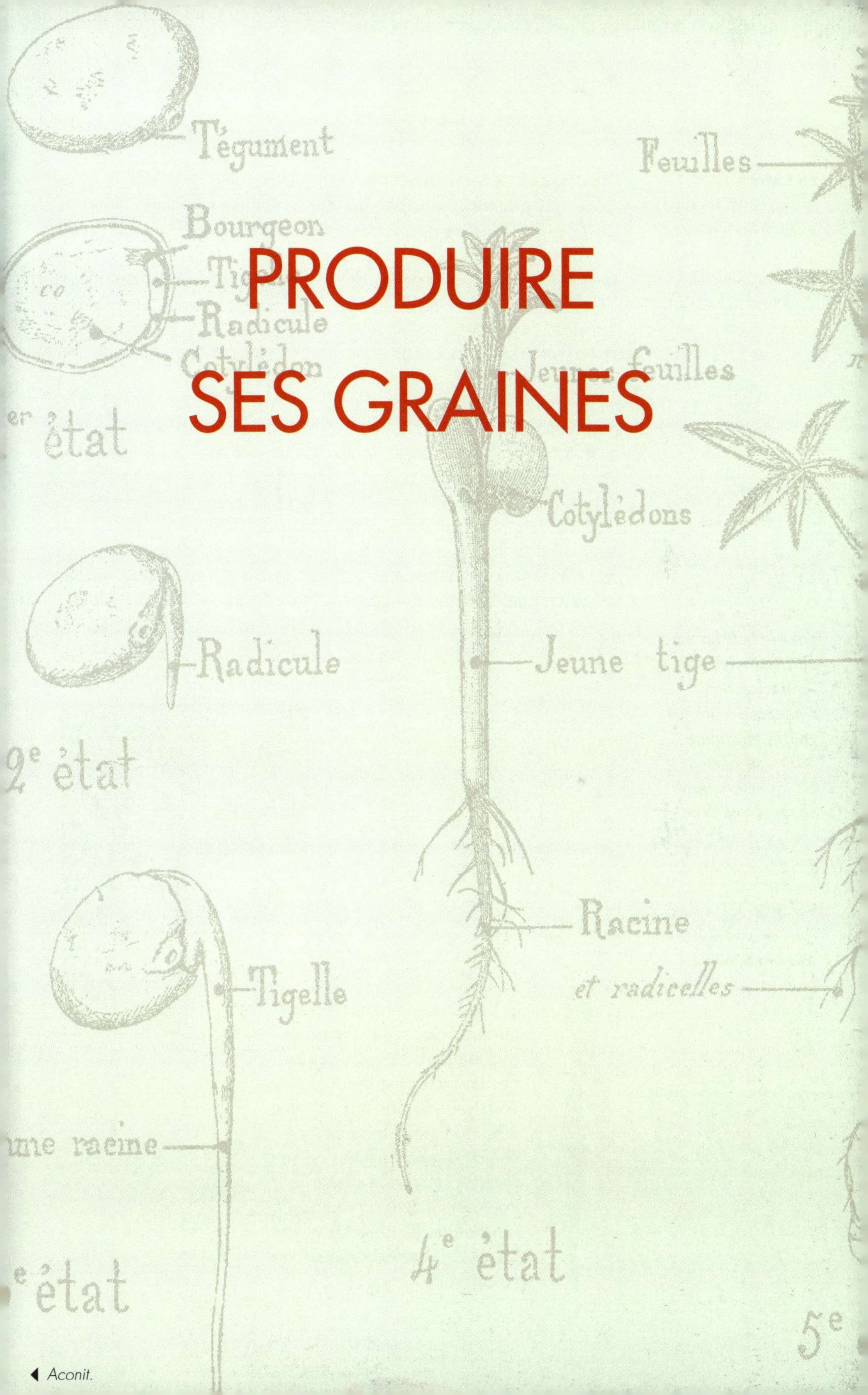

◄ *Aconit.*

La sélection

La Carotte de Colmar cultivée il y a cent ans en Alsace n'était pas exactement la même que celle dont vous achetez les graines aujourd'hui.

La plupart des lignées ont leurs points faibles : telle Laitue particulièrement savoureuse aura tendance à monter à graines prématurément ; tel Chou de Bruxelles aura des pommes tendres et sans amertume, mais pas assez serrées ; les caractères à conserver ou les défauts à corriger sont divers, leur importance variant d'une plante à l'autre.

Pourquoi sélectionner ?

Faire des graines, c'est d'abord perpétuer une lignée de plantes, elle-même fruit de plusieurs siècles d'évolution naturelle et de sélection humaine.
Lorsque l'on parle de variété fixée, on imagine à tort quelque chose d'immuable. En réalité, l'environnement, le climat, les techniques de culture ne sont pas constants. Tout change, tout évolue... et les plantes aussi. Si un certain nombre de caractéristiques – celles qui définissent la variété et la différencient des variétés voisines – demeurent, la sélection opérée à chaque génération entraîne des modifications plus ou moins importantes.

Maintenir et améliorer

L'objectif premier est d'empêcher la dégénérescence de la lignée et de maintenir ses qualités. Cela suppose de choisir des plantes dont on gardera les graines, choix en partie subjectif, qui implique une sélection des « meilleures » plantes.
Parmi toutes les plantes d'une même variété, l'expérience nous fait préférer tel ou tel type, selon sa forme, son goût, etc. Estimant ces plantes supérieures aux autres, nous en garderons les graines.

L'action du multiplicateur visera à éliminer les défauts (épuration) et à faire ressortir les qualités (sélection). Elle s'exercera tout au long de la culture.
Cela nécessite de faire des choix et de décider quels sont les critères prioritaires : forme, couleur, saveur, taille, résistance, etc.

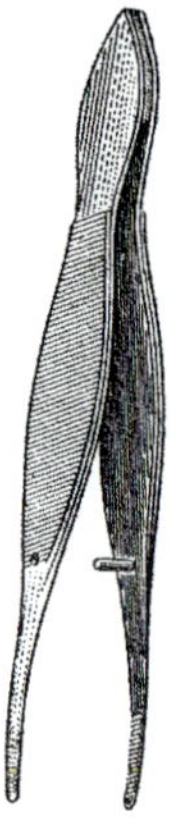

Un choix nécessaire

Si l'on se contentait de récolter les graines sur n'importe quelle plante, il y a de grandes chances que le résultat ne corresponde pas aux attentes.
Il est donc très important de choisir quelles graines on va récolter sur quelle plante !
Pour cela il faut commencer par définir les objectifs et les bases de la sélection que l'on va opérer.

Les critères de sélection

Une bonne germination

Si le lot de graines semées présente des irrégularités de germination, dans le pourcentage ou dans la vitesse de levée, il faut marquer les pieds qui sont sortis vite et bien. On tiendra compte des conditions « normales » de germination de la plante considérée, indiquées dans le tableau en fin d'ouvrage (voir p. 150 et suiv.).
Par exemple, le délai maximal de germination du Chou est de seize jours à 20 °C, avec une température minimale de 5 °C et maximale de 38 °C. Une fois le semis réalisé dans ces conditions, on va peu à peu voir apparaître les plantules ; si l'on veut sélectionner sur le critère de la régularité de levée, on peut ne garder que les premiers plans levés, et supprimer, par exemple, tous ceux qui apparaissent après le dixième jour.

Précoce et hâtif...

Les jardiniers confondent souvent précoce et hâtif : une variété *précoce* de Fraise est celle qui mûrit la première ; un Petit Pois précoce peut avoir été semé à l'automne et mettre plus de temps à pousser qu'un autre semé en mars... mais comme il arrive le premier à maturité, il est le plus précoce. Le caractère *hâtif*, lui, rend compte de la durée de culture avant récolte et peut donc concerner aussi bien une culture d'automne, qui doit pousser rapidement avant les gelées, qu'une culture de printemps.

Porte-graines : ques aco ?

Le porte-graines, c'est le pied de végétal auquel on va permettre d'aller jusqu'au bout de son développement pour laisser mûrir les graines et les récolter. Pour bien le choisir, il faut décider des qualités qu'il doit avoir et observer les cultures pour juger quelle plante sera la mieux apte à transmettre ces qualités.

Tigelle.

Une croissance régulière

Il faut surveiller le déroulement de la croissance, éliminer les plants chétifs ou malformés et marquer les plus beaux. C'est à ce niveau que s'effectue le principal travail de vérification de conformité aux caractères morphologiques de la variété : forme et couleur, feuillage, hauteur et grosseur. À ce stade, le contrôle porte sur l'ensemble de la végétation, et pas seulement sur la partie récoltée, ou contemplée (pour les plantes ornementales).
Le critère de croissance joue sur deux facteurs :
– la régularité, c'est-à-dire un développement sans phase d'arrêt : pas de plante qui végète pendant des semaines, ou au contraire qui « file » avec un végétation frêle ;
– la précocité, amenant la maturité à la période voulue.
La vitesse de croissance détermine les caractères : précoce (qui pousse tôt), hâtif (qui pousse vite), tardif (qui pousse tard).

Oignon à graines.

Des résultats très spectaculaires peuvent être obtenus, par exemple, avec des Courges dont la sélection, fondée pendant plusieurs années sur le volume, peut aboutir à ces énormes fruits qui figurent, photos à l'appui, dans la presse de jardinage.

Belle floraison et belle fructification

Le stade final de développement de la plante est la formation de fruit. Il doit s'envisager différemment selon la destination de la plante et l'organe que l'on récolte ordinairement. Produire des graines de Carottes (racine) n'a pas les mêmes implications que pour un pied d'Œillet d'Inde cultivé pour sa fleur elle-même....

Le nombre de fleurs et de fruits sera pris en compte selon le but recherché.

- Pour les *plantes ornementales*, on peut désirer obtenir un grand nombre de fleurs (même si elles sont petites) ou des fleurs moins nombreuses, mais de belle taille. La plupart du temps, la création horticole aboutit à augmenter la taille des fleurs : les variétés sélectionnées d'Œillets d'Inde ont vu leurs fleurs croître régulièrement en taille, alors que les souches naturelles de Tagetes ont des fleurs petites et très nombreuses.

Attaque de pucerons.

- Pour les *plantes à consommer*, on peut vouloir beaucoup de petits fruits ou seulement quelques gros, ce qui modifie le choix des porte-graines. Mais il faut savoir que cette recherche du gigantisme n'est pas toujours compatible avec la saveur et la résistance ; au contraire, ce sont souvent les légumes moyens qui sont les plus savoureux et les plus résistants.

Pour les *fruits consommés*, on peut aussi choisir ceux qui ont le moins de graines et qui sont plus agréables à manger, même s'il en faut plus pour obtenir le même nombre de semences.

Des plantes résistantes

Au cours du développement, on observera la réaction de la plante aux attaques climatiques ou parasitaires.

- *Climat* : résistance à la sécheresse et à la canicule, par exemple pour la tendreté (absence de fils) des Haricots ; résistance aux gelées hivernales pour les Choux ou les Poireaux ; résistance à la montaison pour les légumes-feuilles et les racines.
- *Maladies* : si l'été est chaud et orageux, on cherchera les plantes les plus résistantes au mildiou ; on prendra les Tomates sur les pieds exempts de mildiou, par exemple.
- *Parasites* : on préférera les pieds les moins atteints ; on récoltera les grains de Fèves sur les pieds que les pucerons ont visités les derniers, ou les graines de Choux sur ceux épargnés par la piéride.

Tomate paprika.

Une belle récolte

Toute culture a une finalité : consommation pour les légumes, parfum pour les aromates, beauté pour les fleurs. Le choix tiendra compte de ces critères, aussi bien sur le plan quantitatif (rendement) que sur le plan qualitatif.

- *Rendement :* outre la quantité totale, on appréciera la régularité, le calibre moyen.
- *Forme :* type de racine (courte ou longue), pommaison (choux, salades), forme des Cucurbita ou des Solanacées.
- *Couleur :* elle est importante pour tous les organes aériens : salades, fruits, etc.

Par exemple, on sélectionnera les Potimarrons sur leur forme de Poire et sur la couleur de leur peau, les fruits orange vif n'ayant pas besoin d'être épluchés, alors que les parties de peau verte sont dures à la cuisson.

Un bon goût

Il n'est pas possible d'intégrer ces qualités dans tous les cas : on ne peut pas à la fois consommer un Haricot vert et le conserver pour la graine.

Mais un certain nombre de caractères influant sur le goût peuvent se juger sur pied : consistance, teneur en eau, etc.

Truc

Lorsqu'un Chou ou une salade forme une belle pomme, ne récoltez pas tout, laissez le pied avec des bourgeons, marquez-le et laissez fleurir les rejets. Faites de même pour les plantes qui blanchissent bien (Chicorée, Cardon, Céleri-branche...).

Mettez de côté les graines des Cucurbitacées (Courge, Melon...). Si un Melon est particulièrement sucré et juteux, conservez ses graines pour vos semis de l'année suivante.

Laitue.

Une bonne conservation

La conservation est déterminante dans un certain nombre de cas. Les fleurs séchées ne sont pas éternelles ; on peut essayer de récolter les graines de celles qui ont tenu longtemps, avec le risque d'avoir des facultés germinatives aléatoires ; pour plus de sécurité, il faudra donc récolter des graines lors de la récolte normale.

Sortir d'une sélection normalisée pour linéaires

La sélection actuelle privilégie des critères liés à la grande distribution : calibrage des produits, tenue au transport et sur les linéaires... même si les autres critères sont pris en compte, ils n'ont pas la même priorité.

Pour les plantes bisannuelles, on choisira comme porte-graines celles qui ont le mieux résisté à l'hiver. Pour les légumes de conservation, on procédera de même : les dernières courges, les racines qui ont le mieux passé l'hiver en silo, etc.

Alors, lorsque l'on fait ses graines, il ne faut pas rechercher l'exploit des apparences, la course aux records de calibre, mais les qualités de goût, de parfum, de saveur, les petites fleurs...

Les vieilles variétés et la variabilité génétique

Le catalogue du GNIS (Groupement national interprofessionnel des semences et des plants) relève ainsi certaines synonymies :
le Poireau «Gros long d'été» est aussi connu sous les dénominations de «Gros long du Midi» ou « Long de Nice » ;
la Betterave potagère « De Detroit améliorée » peut tout aussi bien s'appeler « Globe » ou « Noire ronde hâtive ».

Conserver les variétés anciennes

L'intérêt principal de produire ses graines reste pour l'amateur la possibilité de perpétuer des variétés anciennes ou rares.

Qu'il s'agisse d'une variété locale ou d'une variété ayant fait un passage fugace dans un catalogue, il faut faire attention aux noms. Les contrôles variétaux sont assez récents. Le catalogue officiel ne concerne qu'une liste limitée d'espèces potagères et de plantes de grande culture, établie sur la base des semences commercialisées. Une même variété a pu être transportée d'une région à une autre et se retrouver ainsi sous plusieurs noms.

Si les synonymies sont (partiellement) connues pour les plantes figurant dans un catalogue officiel, elles sont rarement identifiées pour les moins communes. Du coup, des variétés locales ne sont pas répertoriées, ou sont classées sous un nom non homologué. On peut ainsi arriver à multiplier des variétés dont le nom n'est ni répertorié ni contrôlé. Le regain d'intérêt dont bénéficient les vieilles variétés donne parfois lieu à des confusions.

Au-delà de ce problème d'identité, l'essentiel reste le maintien de la diversité biologique et la qualité de cette conservation ; mieux vaut une variété maintenue avec des caractères homogènes et une bonne qualité culturale, même si son nom n'est pas exact.

La multiplication à l'échelle du jardinier amateur pose un problème spécifique : le faible nombre de porte-graines par variété cultivée ne permet pas toujours de maintenir la variabilité génétique.

Chez les plantes autogames, le brassage génétique est faible, et quelques porte-graines suffisent à conserver la diversité génétique du type.

En revanche, la fécondation croisée des espèces allogames assure un mélange perpétuel du capital génétique. Quelle que soit l'homogénéité d'une variété, il y a toujours des variations au niveau des gènes. Le fait de n'assurer la reproduction qu'avec quelques porte-graines entraînerait, à la longue, la disparition d'une partie des potentialités génétiques. Au bout de quelques générations, la lignée obtenue ne pourrait plus se réclamer de la variété originelle.

Éviter de perdre la diversité génétique

Les risques de perte peuvent être compensés de plusieurs manières :
– par des échanges réguliers de semences qui peuvent relancer le brassage génétique : il faudra alors mélanger des semences provenant de plusieurs jardins ;
– par des croisements périodiques : tous les quatre ou cinq ans, il faut faire grainer un porte-graines d'une autre variété qui, sans provoquer de dégénérescence, réintroduira un peu de variabilité génétique.

Fait plus grave : cette méthode risque aussi de faire ressortir des « tares », défauts portés par un gène secondaire (« récessif ») devenu dominant, comme c'est le cas dans le règne animal avec les problèmes de consanguinité. Pour les plantes allogames, il faudrait plusieurs dizaines de porte-graines par variété afin d'assurer à la fois le maintien des caractères et un brassage génétique suffisant. ***Ce problème ne diminue pas l'intérêt de la multiplication par les amateurs.*** S'il y a dérive génétique, il y a quand même – si la sélection est vigilante – sauvegarde d'une lignée.

Variétés anciennes et terroir d'origine

La grande majorité des variétés potagères « anciennes » ont été sélectionnées localement au XIXe siècle et au début du XXe siècle.
Créées dans des zones de production artisanale, elles y ont été fixées, puis ont été reprises par des maisons grainières qui les ont fait multiplier par les producteurs locaux... et diffusées via leurs catalogues.
Il s'agissait donc, d'une part, d'une production locale spécifique, et d'autre part, d'une reproduction visant à vendre les graines aux amateurs et aux professionnels.
Cette sélection correspondait à un terroir, c'est-à-dire la réunion d'un type de sol et d'un climat.
Ce lien au terroir existe-t-il encore ?
Où sont multipliés la Carotte de Carentan ? le Poireau d'Elbeuf ?
D'autant que les zones maraîchères des banlieues ont depuis longtemps disparu : Chou de Vaugirard, Poireau de Genevilliers ne sont plus que des références historiques...
Même si ce lien au terroir n'existait plus, l'important resterait de maintenir les qualités de chaque variété.
Ce sont donc ces qualités qu'il faut surveiller attentivement.
La préservation de la biodiversité ne se limite pas à un conservatisme de folklore local.

Solanum brachantus, *ancêtre de la Tomate.*

Variété ancienne : Pomme de terre à chair violette.

CULTIVER SES PORTE-GRAINES

Cultiver des plantes pour en récolter les graines est une opération qui se fait en deux temps. Il faut d'abord pratiquer comme d'habitude pour obtenir un végétal récoltable. Ensuite interviennent la production et la récolte des graines.

◀ *Cardon.*

Les différents cycles végétaux

Pour les légumes-feuilles et les racines, et pour les aromates à feuilles, il est important de rechercher la montée à graines la plus tardive.

Pensées annuelles.

À NOTER : bien souvent, c'est la sélection humaine qui a rendu les plantes bisannuelles. Nombre de leurs ancêtres (ou cousins actuels) sauvages sont annuels. Il faut donc rester vigilant sur les hybridations entre variétés sauvages et variétés cultivées. Il faut également éliminer systématiquement les pieds qui fleurissent la première année (celle du semis), et cela même pour les plantes d'ornement.

L'évolution naturelle des plantes, puis leur sélection par l'homme ont donné à chacune d'elle un rythme biologique, et inscrit son développement dans un cycle : annuel, bisannuel, vivace...

Les plantes annuelles

Germination, croissance et fructification ont lieu la même année, du printemps à l'automne dans la plupart des cas. Il faut parfois attendre le printemps suivant pour les plantes qui ont été semées à l'automne et protégées durant l'hiver (salades). Le cycle complet dure toujours moins de un an.

La formation des graines suit immédiatement la période du développement végétatif, et les soins supplémentaires engendrés par la récolte des graines restent très limités.

Les plantes bisannuelles

Elles fleurissent la seconde année de culture, au bout d'un cycle de plus de un an. Elles ont donc deux périodes de développement, séparées par le repos hivernal. Si toutes peuvent passer cette période de repos en terre dans les régions à climat doux où les gelées sont rares, il faut les protéger, voire les rentrer sous abri, dans les régions au climat plus rude.

Selon les cas, elles pourront ainsi passer l'hiver en place (Choux, Poireaux), en silo (racines), sous

Le Fenouil, une espèce bisannuelle.

châssis (salades, Céleri), voire sous serre (fleurs).

Le repos hivernal permet de sélectionner les porte-graines en fin d'hiver sur des critères de conservation et/ou de résistance au froid.

La production de graines représente ainsi une deuxième culture, avec transplantation ou replantation des porte-graines sélectionnés, ne serait-ce que pour limiter l'occupation du terrain.

Les plantes vivaces

Les plantes vivaces, dont la durée de vie s'étend souvent sur de nombreuses années, ne fleurissent pas avant la seconde année, voire bien plus tard pour les arbres. Par la suite, la plupart d'entre elles fleurissent tous les ans. Mais leur fructification peut être variable : les fruitiers de plein vent connaissent sou-

vent une alternance d'années chargées de fruits et d'années peu ou pas fécondes ; certains arbres ne fructifient que tous les trois ou sept ans, voire plus.
Floraison et fructification font partie du cycle annuel et n'entraînent pas de soins culturaux particuliers. Un même sujet peut servir de porte-graines pendant des années. Ce qui n'empêche pas de surveiller son état de santé et la qualité de sa fructification.

Une vivace sauvage très répandue : l'Ortie.

ANNUEL OU BISANNUEL ?

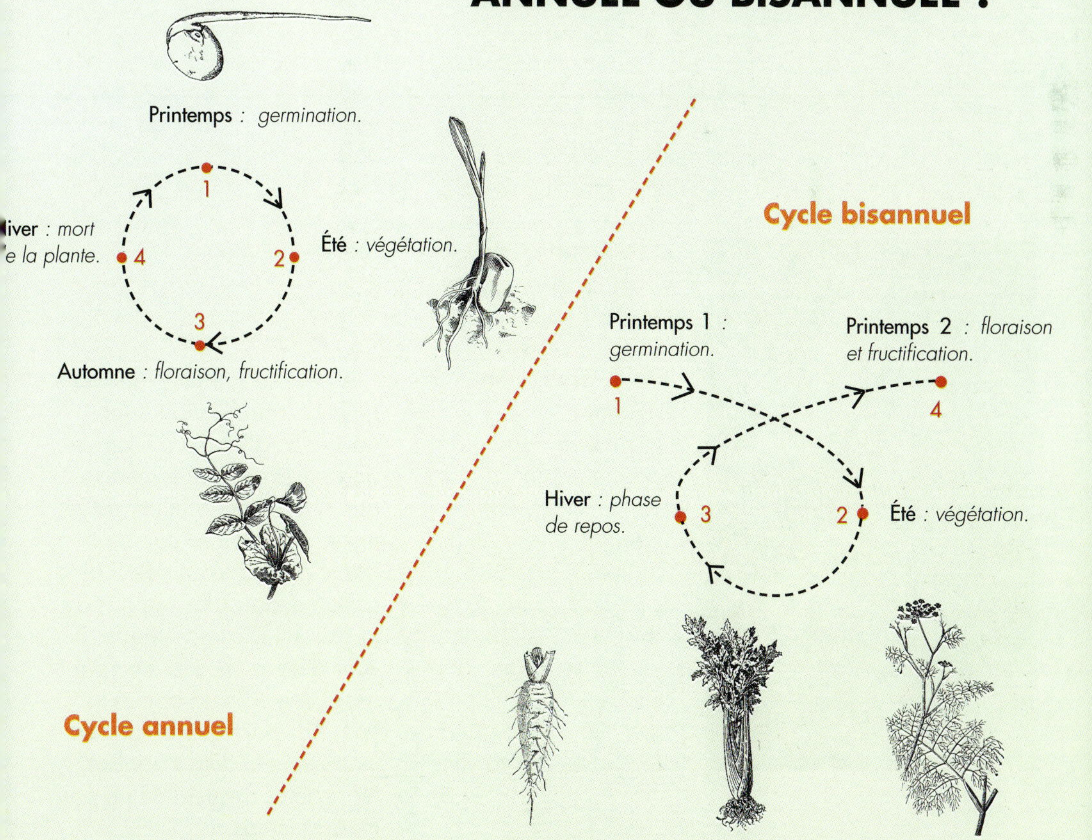

La Carotte, le Céleri et le Fenouil, trois plantes bisannuelles.

Les porte-graines

Pour maintenir à la fois l'homogénéité variétale et la variabilité génétique, il faut toujours plusieurs porte-graines par variété.

Graines de Carottes.

Objets de tous les soins du producteur de graines, les porte-graines doivent être choisis avec attention, car de leur qualité dépend la future récolte. En effet, si toute plante peut fournir des graines, il y a beaucoup d'appelées et peu d'élues.
Sauf pour figurer au *Livre des records*, il ne faut pas choisir les plantes les plus grosses ou les plus grandes, mais leur préférer des pieds moyens, équilibrés et harmonieux, réunissant le plus de caractéristiques que l'on veut retenir.
Le mieux est d'effectuer un choix progressif en prévoyant au départ plus de porte-graines que nécessaire et en éliminant progressivement les moins intéressants pour ne conserver à la fin que ceux correspondant le plus au standard recherché.

Plusieurs cas se présentent selon la finalité de la plante cultivée.

Poireau monté.

Chez celles que l'on cultive pour leurs feuilles ou leurs racines (légumes, aromates)

Montaison et fructification viennent s'ajouter au cycle jardinier habituel. Les porte-graines seront des sujets donnant une belle récolte et dont la floraison ne doit intervenir qu'après maturité des organes feuilles ou des racines concernés. La première sélection portera donc sur le choix des plus beaux pieds que l'on laissera fleurir.
Par rapport à la culture ordinaire, il faudra prévoir un plus grand écartement et un tuteur afin d'éviter que les tiges florales ne s'effondrent. Pour augmenter les ramifications, on pourra parfois étêter les tiges florales afin d'augmenter le nombre de fleurs, et donc de graines – mais cela uniquement pour les plus précoces, afin d'être sûr que les graines auront le temps de mûrir.

Production de graine et consommation de légumes

La production de graines peut être compatible avec la consommation des feuilles, même pour les légumes qui pomment (salades, Choux) ; il suffit de ne pas cueillir la pomme au ras du sol ou de la tige, mais de laisser le départ de la végétation avec quelques bourgeons.

À la loupe

Ces deux techniques d'étêtage et de ramification retardent la fructification. Elles ne doivent être mises en œuvre que si la plante a le temps de mener ses graines à maturité, c'est-à-dire en début de saison et dans des régions où la saison est assez longue. Si vous désirez récolter les graines d'une Batavia pommant en juillet alors que les gelées interviennent début octobre, les graines risquent de ne pas mûrir à temps.

Haricot 'Scarlett runner'

Pour les fleurs

Le choix des porte-graines se fait selon des critères d'esthétique, de durée de floraison, etc. Pour profiter de toutes les fleurs, même de celles dont on ne recueillera pas les graines, tout en pratiquant une sélection stricte, on peut isoler les porte-graines en les transplantant dans un coin à part et en les recouvrant d'un voile non tissé qui empêchera les hybridations intempestives dues au vent ou aux insectes pollinisateurs. Comme cette opération doit être assez précoce – avant la floraison –, le choix des sujets transplantés se fera sur la végétation ou, éventuellement, sur les boutons floraux ; la sélection et l'épuration se feront sur les porte-graines : élimination des fleurs de formes ou de couleurs non désirées... (voir « Les graines famille par famille », p. 85).

Chez les plantes dont on récolte les fruits pour en extraire les graines

Le choix des porte-graines peut s'effectuer de deux façons :

– soit on laisse les fruits arriver au stade final de maturité, puis on les récolte tous – c'est le cas des *Légumineuses*. La sélection se porte alors sur le choix des pieds, comme pour les autres cultures. Il faut marquer les pieds de Fèves ou de Haricots que l'on choisit comme porte-graines pour ne pas y récolter prématurément les gousses ;

– soit la sélection du porte-graines se fait au second niveau, dans le choix des fruits. Il faut bien sûr éliminer les pieds non conformes, mais on ne choisit que quelques fruits. Sur un même pied, on pourra choisir ou éliminer tel ou tel fruit selon le niveau de sélection désiré. C'est le cas des *Solanacées* et des *Cucurbitacées*, par exemple. Pour les fruits nombreux (Solanacées), on pourra même choisir après la récolte, au moment de la consommation. Pour les fruits de conservation (Courges,...), on choisira ceux qui se conservent le mieux.

RAPPEL

Dans tous les cas, il faut choisir des fruits porte-graines sur plusieurs pieds, afin que les graines ne soient pas toutes issues de la même fleur, condition minimale du maintien de la variabilité génétique tant pour les plantes autogames que pour les allogames.

Petite histoire

Choisir des fruits porte-graines provenant de plusieurs pieds est la forme de sélection la plus simple lorsque l'on veut améliorer la variété. Les premiers Potimarrons que nous avons semés en 1980 produisaient des fruits orange avec des plaques vertes dont la peau était difficile à éplucher. Alors que les parties vertes restent dures après cuisson, la peau orange s'écrase très bien une fois cuite, et n'a donc pas à être ôtée. En ressemant les graines des fruits les moins verts de la récolte, nous sommes arrivés, en quelques années, à sélectionner une souche à la peau totalement orange, le gène « peau verte » ne se manifestant que sporadiquement.

Ce type de sélection est souvent nécessaire lorsque l'on récupère des graines d'origine incertaine. Ainsi, si l'on a de délicieux Haricots mangetout grimpants dont les pieds portent à la fois des gousses vertes et jaunes, la sélection devra porter sur la couleur des gousses, le choix systématique d'une couleur ramenant l'homogénéité.

Les étapes de la culture

Semis, plantation, désherbage, éclaircissage, binage, paillage, arrosage : les premières étapes de la culture des porte-graines sont les mêmes que celles d'une culture ordinaire. Il faut veiller à respecter les conditions normales et habituelles de son jardin, du climat, du sol et de la région. Les plantes ne doivent *ni souffrir* – ce n'est pas un concours d'endurance – *ni être forcées* – ce n'est pas du gavage. Pour obtenir la plus belle fructification possible, il faut prendre certaines précautions tout au long de la culture.

Astuce

Pour éviter les montées à graines prématurées, il faut se dispenser, dans la mesure du possible, de semer ou de planter juste avant la pleine lune, en particulier les plantes à feuilles ou les légumes-racines.

La fertilisation

La fertilisation doit être raisonnable, à base de compost bien mûr, en évitant les excès d'engrais solubles. Méfiez-vous des engrais spéciaux qui augmentent les doses d'azote pour les feuilles, de potasse pour les racines, de phosphore pour les fruits. Ils ont tendance à déséquilibrer les plantes. De plus, l'excès d'azote ou de potasse peut entraîner des déficiences dans la floraison et la fructification.

Pour les porte-graines que l'on replante en deuxième année, il ne faut pas prévoir de fertilisation spéciale, puisque cette deuxième année de culture se limitera à obtenir une belle fructification.

Les semis et la plantation

Ne semez pas trop tôt. Il faut que la levée soit rapide et régulière, et que les jeunes plants ne subissent pas d'à-coups dans leur développement : coup de froid au printemps, coup de chaleur ou soif en été.

Nombre de plantes – les légumes en particulier – occupent un plus grand volume lorsqu'elles montent à graines. Il faut donc respecter l'écartement en éclaircissant les semis et en plantant large, surtout en ce qui concerne les annuelles qui resteront en place jusqu'à la récolte des graines.

Il faut essayer de faire coïncider sélection et éclaircissage, afin que les porte-graines retenus soient assez distants les uns des autres. Pour les plantes qui seront transplantées, pratiquez des écartements plus grands que pour la culture originelle.

Concrètement

Sur une planche de Laitues, ne gardez pas deux porte-graines voisins qui seraient trop proches. Mais gardez de préférence des salades distantes d'au moins un mètre.

L'entretien

Les cultures devront être bien propres. Un bon éclairement et une bonne aération favorisent la pollinisation et la fécondation et limitent les risques de pourriture et de maladies.

Désherbage, binage et paillage permettent d'assurer des conditions de développement régulières et d'amortir les excès climatiques.

L'arrosage doit être régulier pour éviter les montées à graines inopinées, mais il ne faut pas pour autant mettre les plantes sous perfusion. Évitez l'arrosage par aspersion qui mouille le feuillage et favorise les pourritures.

En général, il faut stopper l'arrosage dans la phase finale de maturation des graines.

Faut-il tuteurer les porte-graines ?

Si l'on parle de « montée » à graines, c'est bien parce que la floraison représente souvent une croissance forte et rapide, au-delà de la taille courante ; nombre de légumes-fleurs ou fruits se rament, se palissent ou se tuteurent.

Salades, légumes-racines, Choux, Alliacées donnent l'impression de lancer leurs tiges florales à l'assaut du ciel, en contraste frappant avec leur végétation jusque-là ramassée.

À noter

Pour éviter que l'ensemble de la plante ne s'effondre au premier orage, mieux vaut tuteurer les tiges florales comme on le fait pour les pieds de tomates, ou les ramer comme s'il s'agissait de haricots grimpants.

Faut-il étêter les porte-graines ?

Pour obtenir plus de fleurs sur chaque pied, et donc plus de graines, certains préconisent de couper le sommet de la tige florale afin de provoquer sa ramification. Mais on ne peut généraliser l'étêtage puisque certaines tiges florales ne se ramifient pas et ne peuvent porter qu'une inflorescence – c'est le cas, par exemple, des Alliacées. L'étêtage est aussi à éviter chez certaines plantes comme les Apiacées qui se ramifient assez naturellement.

L'étêtage retardant la floraison, il faut l'effectuer assez tôt en saison, pour que le développement de la végétation puisse se produire normalement et que les graines aient le temps de mûrir. Il doit être pratiqué sur le premier bouton floral, celui du sommet de la tige. Il est à proscrire dans les régions où le climat raccourcit la saison : automne pluvieux, gelées précoces, etc.

L'isolement des porte-graines

Un des problèmes majeurs de la production de graines est le risque d'hybridations incontrôlées, surtout lorsqu'on ne dispose que d'un nombre réduit de porte-graines.

Pour effectuer une sélection rigoureuse sur des plantes allogames sans pour autant

Si l'étêtage est inutile pour les plantes dont la floraison est très développée, il peut se révéler intéressant pour celles – annuelles ou bisannuelles – dont il peut réellement accroître la récolte de graines ou lorsque le démarrage de la floraison se montre peu ramifié : Astéracées, Brassicacées, Chénopodiacées, Labiées... Chez certaines plantes, l'étêtage permet d'obtenir une floraison plus luxuriante et de plus longue durée.

Tuteurage en trépied.

L'activité des insectes pollinisateurs est maximale le matin, du lever du soleil jusque vers 10 heures (heure solaire). L'efficacité peut se vérifier à l'évolution des fleurs : les corolles épanouies sont le fait de fleurs non pollinisées ; la chute des corolles marque la réussite de la pollinisation.

Butinage sur Échinacea.

supprimer trop de plantes, on a intérêt à pratiquer l'isolation du porte-graines.
Il suffit pour cela de transplanter à l'écart les quelques pieds choisis comme porte-graines ou de les couvrir d'une protection les isolant du pollen de leurs congénères.
Les matériaux modernes fournissent, grâce aux voiles non tissés, la solution idéale ; d'un poids de 10 à 17 grammes au mètre carré, ils laissent passer l'air et l'eau, mais retiennent le pollen et empêchent le passage des insectes. On peut les tendre sur des arceaux au-dessus des cultures, en laissant assez d'espace et d'air pour que la pollinisation entre les porte-graines puisse se faire.
Les voiles doivent être bien ajustés au sol et ne laisser aucun jour. La plante est ainsi privée du précieux concours des insectes, responsables de nombreuses pollinisations... et des hybridations. Les rendements en graines s'en trouvent amoindris, mais cela est sans doute le prix à payer pour obtenir la sélection désirée. Pour y remédier, on peut introduire des insectes sous le voile.
Le voile doit être installé avant que les fleurs s'ouvrent : soit juste posé, de manière assez lâche sans pour autant laisser de passage ; soit tendu sur arceaux, en particulier pour les plantes qui continuent à se développer à l'ouverture des fleurs (Brassicacées, par exemple). Pour les plantes à grand développement, cette technique peut être associée à un étêtage qui réduit la hauteur de la plante en fleur.

ATTENTION
Évitez d'installer une protection en plastique, car il vous faudra l'ouvrir pour l'aération. Méfiez-vous aussi des plastiques micro perforés qui ne permettent pas une bonne circulation de l'air et sous lesquels se forment des condensations, sources de maladies.

Une technique à éviter : les plants réduits

Cette technique consiste à pratiquer des semis tardifs de plantes bisannuelles.
Les plantes terminent l'année à un stade réduit. Et ce sont ces plantes incomplètement développées qui montent à graines la seconde année.
Cette technique ne peut être utilisée que par des multiplicateurs professionnels et à titre transitoire. Elle est à proscrire pour les amateurs.

Isolement de porte-graines de basilic à Milly-la-forêt

Le Conservatoire des plantes aromatiques de Milly-la-Forêt procède de la sorte pour les basilics car l'hybridation est très fréquente entre les différentes espèces et variétés du genre *Ocimum*.

Basilic.

Plusieurs essais furent réalisés : soit le voile non tissé était posé directement sur le feuillage, maintenu par des fils de fer fichés en terre ; soit des mini-serres étaient réalisées, le voile reposant sur des arceaux ou sur un cadre métallique.
Côté insectes, les essais se firent avec des mouches, des mini-ruches (abeilles) ou encore des bourdons. De bons résultats furent obtenus dans plusieurs cas :

- voile posé sur place et mouche : l'espace réduit permet une meilleure visite des fleurs par les insectes ; cela semble la solution la plus adaptée pour les amateurs ;
- introduction de bourdons dans de petites cages : l'utilisation de ruchettes a porté ses fruits, mais semble trop compliquée pour un amateur, à moins qu'il ne s'arrange avec un apiculteur.

Graines de Radis noir sous un filet.

Graines d'Angélique archangélique.

La fécondation manuelle

La fécondation manuelle représente une autre technique d'isolation, le jardinier se substituant aux agents pollinisateurs. Plus précise, elle permet d'isoler les organes femelles et de choisir l'origine du pollen fécondant. Véritable insémination artificielle, elle exige une grande minutie. Dans tous les cas, il faut empêcher que les organes femelles ne soient à l'air libre pour éviter tout risque de pollinisation non contrôlée (vent, insectes...).

Le fruit jaune du milieu est le résultat du croisement entre ses deux parents...

C'est sur les Cucurbitacées qu'elle est le plus simple à réaliser grâce au dimorphisme sexuel et à la taille des fleurs (voir photo-geste détaillé ci-contre).

Dans le cas de fleurs unisexuées, il faut empêcher les fleurs femelles (choisies comme porte-graines) de s'ouvrir à l'air libre, en les maintenant fermées avec un adhésif ou en les enfermant dans un sachet.

On laisse libres certaines fleurs, qui jouent un rôle d'indicatrices : lorsqu'elles sont visitées par les insectes, l'heure de la pollinisation a sonné.

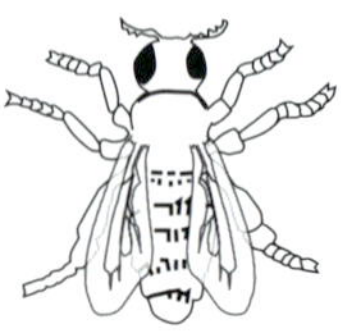

À noter

Notez que toutes les fleurs fécondées manuellement doivent être marquées par un fil de couleur à la base de leur pédoncule. Dans tous les cas, on choisira les fleurs porte-graines (« femelles ») et le pollen sur des pieds différents pour augmenter la variabilité génétique.

Il faut alors recueillir le pollen des fleurs mâles et le frotter sur le pistil, puis garder le tout enfermé, au moins jusqu'à ce que le fruit soit formé. Le problème se complique pour les fleurs hermaphrodites, puisqu'il faut d'abord supprimer les étamines des fleurs femelles choisies.

L'épuration et la sélection

Épuration et sélection représentent une procédure fondamentale pour la qualité des récoltes. Les critères généraux de sélection ont été indiqués plus haut (voir p. 41) et les caractères les plus intéressants pour chaque famille, genre ou espèce sont décrits dans le chapitre suivant (p. 87 et suiv.).

• *L'épuration* consiste à éliminer progressivement les plantes dont les caractères ne correspondent pas à ceux que l'on veut conserver ou à les empêcher de fleurir. C'est une sorte de contrôle continu, exercé à tous les stades de la culture. L'épuration commence dès le semis. Il faut d'abord supprimer les jeunes plants malades, ceux qui sont attaqués par des virus, que l'on remarque facilement – chez les Légumineuses et les Cucurbitacées, par exemple, le feuillage est décoloré, fripé, recroquevillé.

Le deuxième tri concerne les plants à croissance extraordinaire : ceux qui sont trop petits ou, au contraire, trop exubérants. Il ne s'agit pas obligatoirement de les brûler ou de les jeter au compost (sauf les plants malades), mais de les empêcher de fleurir en les utilisant précocement.

Pour le genre Cucurbita, la procédure est la suivante :

1. Surveillance des fleurs femelles : il faut procéder lorsqu'elles sont prêtes à s'ouvrir, mais avant l'intervention des insectes. La fécondation manuelle doit s'effectuer en début de matinée. Si vous craignez de ne pas repérer le bon moment, faites un enveloppement assez large autour des fleurs femelles sélectionnées avec un sachet du type de ceux que l'on utilise pour protéger les fruits au verger, un morceau de gaze ou un bout de voile non tissé. L'enveloppe doit être fixée – sans serrer – sous le mini-fruit (l'ovaire) situé à la base de la fleur, au niveau du pédoncule. Les liens utilisés pour les sacs de congélation conviennent bien.

2. Prélèvement de la fleur mâle : dès que la fleur femelle est ouverte, prélevez – sur un autre pied de la même variété – une fleur mâle juste ouverte que vous débarrasserez de ses pétales.

3. Fécondation : après avoir retiré l'enveloppe, touchez le pistil de la fleur femelle avec l'étamine de la fleur mâle pour que le pollen s'y dépose.

4. Formation du fruit : il faut protéger la fleur femelle – jusqu'à ce qu'elle soit fanée et que le fruit commence à se développer – avec du papier adhésif large, de type bricolage.

L'opération peut se faire sur les autres Cucurbitacées, même si la petitesse de leurs fleurs la rend assez délicate.
On peut s'entraîner sur d'autres plantes. C'est ainsi que sont obtenues nombre de graines hybrides (Solanacées en particulier, après castration). La technique est identique même si elle est difficile à réussir sur de petites fleurs. Elle varie selon la morphologie des fleurs.

Pour éviter toute erreur, comme de récolter trop tôt un porte-graines. On marquera les plants choisis au moyen d'un petit piquet planté à leur pied ou d'un ruban coloré (laine, plastique, ficelle...).

• Parallèlement à l'épuration doit se dérouler *la sélection* proprement dite. L'épuration est un phénomène « négatif » (élimination) ; la sélection est au contraire positive puisqu'elle choisit les meilleurs. Il faut sélectionner les plantes qui seront choisies comme porte-graines.

Surveiller l'environnement

La sélection humaine a souvent donné naissance, pour une même espèce, à de multiples plantes différentes, dont on ne connaît pas toujours les limites d'interfécondité. Notons aussi le problème que représentent les variétés sauvages de plantes cultivées. Il faut donc surveiller non seulement son jardin, mais aussi les alentours.

Pas de difficulté pour les plantes autogames : on peut faire voisiner des variétés différentes étant donné le faible pourcentage de croisement.
Il vaut mieux toutefois conserver une distance de sécurité de 2 à 10 mètres pour limiter le risque de croisement intempestif.

Le Haricot, plante autogame, ne craint pas la proximité d'autres végétaux de la même famille.

Pour les allogames, en revanche, il faut maintenir une distance de sécurité de 300 à 1 000 mètres selon les espèces, les variétés et l'importance des cultures locales présentant des risques d'hybridation. Il s'agit là de distances de référence correspondant à une situation théorique : terrain plat sans obstacles, avec un vent modéré. Les deux principaux agents pollinisateurs étant le vent et les insectes, il faut prendre en compte la topographie et l'implantation des cultures. La présence d'obstacles réduira ces distances : bâtiments, haies, bandes boisées, collines seront autant de freins à l'arrivée de pollens indésirables. Une hybridation a plus de chance de se produire avec une plante située à 500 mètres sur le versant face à votre jardin si le vent souffle dans ce sens, plutôt qu'à 50 mètres de l'autre côté de la colline ou du rideau d'arbres.

Des candidats décevants

Certains porte-graines trahissent les espoirs que l'on avait placés en eux : telle Laitue à la pommaison prometteuse va monter ; tel beau Poireau va se couvrir de rouille ; telle fleur va flétrir trop vite, etc. Pour faire face à ces déceptions, il faut prévoir un plus grand nombre de porte-graines que nécessaire et ne pas oublier d'enlever les marques des candidats décevants.

La présence de cultures importantes de la même espèce dans le secteur rend aléatoire la production de graines d'allogames sans isolation des porte-graines. Le risque d'hybridation est d'autant plus grand que seuls quelques pieds de porte-graines sont menacés par une grande quantité de fleurs de la même espèce à proximité.

En revanche, si, dans le voisinage, sont cultivés quelques pieds de la même espèce que l'on ne laisse pas fleurir, le risque est minime.

Dans certaines régions où la culture de porte-graines se fait à grande échelle, la réglementation (voir p. 148) prévoit des zones protégées réservées à la multiplication d'une variété précise ; la culture de porte-graines d'autres variétés de la même espèce y est interdite.

L'Ail (en haut), l'Oignon (au centre) et le Poireau (en bas) sont trois plantes allogames appartenant à la famille des Lilliacées, et au genre Allium entre lesquelles il faut maintenir une distance de sécurité pour éviter les risques d'hybridation.

Les Centaurées (ici Centaurea montana*), famille des Astéracées, sont allogames.*

En bref

Il faut, bien sûr, respecter ces règles dans son propre jardin en ne cultivant pas deux variétés interfécondes fleurissant en même temps, en faisant la chasse aux repousses sauvages et aux résidus des cultures précédentes. Pour les bisannuelles, il faut supprimer tous les plants qui fleuriraient la première année.
Ces règles sont assez faciles à respecter dans un habitat rural dispersé, mais elles posent problème dès que l'on habite ne serait-ce qu'un hameau. Il faut alors recourir à l'isolation et à la fécondation manuelle pour nombre de plantes.

Maladies et parasites

En augmentant, dans de nombreux cas, la durée de culture, la production de graines augmente aussi les risques d'attaques par des parasites ou des maladies.

Les maladies

La plupart des maladies sont favorisées par l'excès d'humidité. Il faut donc veiller à maintenir une bonne aération au cœur des cultures pour éviter la formation de micro zones humides. Dans un jardin ombragé, plus ou moins mal aéré (fond de vallée, jardin clos, etc.), il faut augmenter les interlignes et les distances d'éclaircissage. Le tuteurage des porte-graines évite la proximité du sol, où l'humidité est toujours plus forte.

Attention à la coulure

Il faut aussi être vigilant en ce qui concerne l'arrosage. En effet, en pleine chaleur, si l'on apporte de l'eau froide à des plantes très chaudes, on peut provoquer une réaction physiologique entraînant la coulure des fleurs ou des fruits nouvellement formés. En règle générale, il faut mouiller le moins possible les fleurs, fruits et graines.

Les parasites

• *Punaises et pucerons :* outre les parasites habituels de chaque plante, l'étape de la production des graines est susceptible d'attirer certains indésirables (punaises…) ou de voir se développer ceux qui n'apparaissent généralement qu'en fin de culture, comme certains pucerons qui trouvent là un délai supplémentaire pour se développer avec la vélocité que l'on sait.

Chou de Bruxelles infesté de pucerons.

À titre préventif, des pulvérisations de décoctions amères (tanaisie, absinthe) peuvent être dissuasives. ***En cas d'attaque***, il faut réagir rapidement avec les moyens appropriés, comme des pulvérisations d'un mélange roténone-pyrèthre, en dehors des heures de butinage actif – c'est-à-dire de préférence le soir, ce qui les rend inoffensives pour les insectes pollinisateurs.

• *Limaces :* les plantes basses peuvent être dévorées par les limaces en une seule nuit. Limaces et autres gastéropodes se délectent des bourgeons floraux. Le piégeage est alors indispensable. Le plus simple est de disposer au pied des plantes menacées – ou à intervalles réguliers – des appâts à base de fer non toxique pour les auxiliaires et les animaux domestiques.

On utilisera des bouts de tuyau en plastique d'environ 10 cm de long pour un diamètre inférieur à 5 cm, où l'on placera quelques granulés.

• *Rongeurs :* ils s'attaquent plutôt aux graines mûres (voir « Le stockage » p. 69), avec une rapidité qui exige une grande vigilance. Il suffit qu'un gros orage renverse les porte-graines pour que les rongeurs réalisent la récolte à la place du jardinier. Dans les zones qu'ils fréquentent assidûment, il faut recourir au piégeage : glu, grains empoisonnés, tapettes, pièges divers.
Attention : des graines répandues sur le sol attirent les rongeurs, qui seront alors prêts à déguster ou à stocker le reste.

• *Oiseaux :* ce sont les pires ennemis du multiplicateur. Excellents diététiciens, ils connaissent bien la grande valeur alimentaire des graines. Ils affectionnent tout particulièrement celles qui mûrissent progressivement.
Les épouvantails de toutes sortes ont parfois un effet dissuasif, mais il est plus prudent de déployer des filets de protection. Dans le pire des cas, seules les graines extérieures seront alors attaquées. Les filets doivent être placés au plus tard en fin de floraison, lorsque les corolles se détachent. Pour faciliter les opérations ultérieures, il faut les disposer de manière assez lâche, sans les plaquer ni les tendre sur la végétation.
Vous trouverez des indications complémentaires dans « Les graines famille par famille » (p. 87), lorsque des problèmes spécifiques se posent pour telle ou telle plante.

Attaque de Graphosoma italicum *sur graines d'Angélique.*

Chez les Brassicacées, les oiseaux aiment, dans l'ordre de préférence, les siliques de Radis, de Choux et de Navets.

Si vous attendez que toutes les graines d'un pied de Bourrache soient mûres pour les récolter, vous les compterez sur les doigts d'une main.

À noter

Lors de la récolte, il faut veiller, en les ôtant, à ne pas arracher les fruits (siliques ou autres), et éviter de les faire éclater au risque de disperser les graines.

La récolte et la conservation

Si la graine est très mûre et se dissémine facilement, mieux vaut la récolter à l'humidité du matin, lorsque la rosée la retient dans son enveloppe et limite les risques d'éclatement ; il faut alors procéder, aussitôt après la récolte, à un séchage soigné des graines. En revanche, lorsqu'il n'y a pas de risque de dissémination, on récolte en plein soleil, à midi ou en début d'après-midi, lorsque la plante est bien sèche, pour éviter tout risque de moisissures.

L'heure de la récolte : quand faut-il récolter ?

Lorsque les graines sont aptes à se séparer du pied mère, l'heure de la récolte est arrivée. Dans certains cas, les graines sont prêtes à germer dès cet instant ; dans d'autres, elles doivent achever leur maturation (voir « La dormance » p. 74).

Mais, de toute façon, les opérations qui vont démarrer avec la récolte sont fondamentales pour maintenir intactes le plus longtemps possible les capacités germinatives des graines. Ces opérations varient selon les espèces : fruits et baies ou fruits et fleurs sèches.

Le bon moment pour récolter est souvent délicat à déterminer... si on récolte trop tôt, les graines ne seront pas mûres ; trop tard, une bonne partie de la récolte risque d'être perdue, tombée à terre, récoltée par divers animaux (oiseaux, rongeurs) ou disséminée par le vent.

Quelques indications génériques permettent de se repérer.

• Les fruits et les baies charnus

Les fruits (Cucurbitacées, Solanacées, baies charnues) sont sélectionnés et cueillis un à un, puis étalés dans un endroit à l'ombre pour achever de mûrir. La récolte doit être faite le plus tard possible, au stade de maturité maximale. Chez ces plantes, le séchage intervient après extraction.

• Les fleurs et les fruits secs

Il s'agit de graines apparentes ou contenues dans des enveloppes sèches. C'est le cas de l'immense majorité des plantes.

Stade de maturité : le changement de couleur, du vert au beige puis au brun, marque l'arrivée des graines à maturité.

La récolte intervient :

– lorsque les graines (apparentes) deviennent visibles et de couleur foncée ;

– lorsque les inflorescences sèchent ;

– lorsque les enveloppes (gousses, siliques, capsules, etc.) brunissent et deviennent sèches.

Le matériel de la récolte

• Si les fruits se récoltent à la main, des outils sont nécessaires la plupart du temps pour récolter les graines des autres plantes. Comme les graines se disséminent souvent facilement, il faut pouvoir les séparer vite et sans heurts de la plante mère. Un sécateur bien affûté permet de couper les tiges florales sans avoir à les secouer.

• Pour des plantes volumineuses, il est préférable d'étaler une bâche à côté des porte-graines, de couper les hampes florales et de les déposer sur la bâche, qui servira à les transporter jusqu'au local de séchage.

• S'il s'agit de plantes ou d'inflorescences plus petites, on peut les mettre dans des seaux ou dans des caisses lisses et étanches. Si l'on utilise des bâches ou des récipients en plastique pour le transport, les plantes doivent y séjourner le moins longtemps possible, ces matériaux étant rapidement le siège du phénomène de condensation-macération-fermentation.

Comment récolter ?

Si chaque famille, genre ou espèce, a ses particularités (voir « Les graines famille par famille », p. 87), les modalités de la cueillette sont aussi déterminées par le caractère groupé ou non de la récolte.

Dans certains cas, les graines d'un même pied mûrissent à peu près en même temps et peuvent donc être récoltées en une seule fois : Légumineuses que l'on laisse sécher sur pied, Graminées, Alliacées, etc.

Chez d'autres plantes, chaque inflorescence doit être cueillie séparément, ce qui nécessite des passages répétés : Brassicacées, Apiacées, nombreuses fleurs et aromates. Pour certaines plantes qui produisent un grand nombre de graines par pied, on peut tout récolter en une fois dès qu'une partie importante des graines est mûre, et avant qu'elles ne se disséminent, comme pour les laitues.

Le séchage – obligatoire dans tous les cas – permettra à un certain nombre de graines d'achever de mûrir.

La cueillette graine à graine est assez rare ; on récolte généralement soit l'ensemble des parties aériennes, soit les inflorescences, une à une.

Les porte-graines couverts

Si vous avez placé des porte-graines sous des voiles non tissés ou des filets, il faut retirer ces protections délicatement pour ne pas enlever les graines en même temps. Les voiles non tissés peuvent être ôtés avant que les graines soient complètement mûres, lorsqu'elles sont encore attachées aux fleurs. On peut procéder dès que la floraison est terminée, lorsque la majorité des corolles sont tombées. S'il reste quelques fleurs encore ouvertes à ce moment-là, supprimez-les pour éviter les hybridations tardives.

Les filets anti-oiseaux posent un problème plus délicat puisqu'il faut les laisser en place jusqu'au moment de la récolte. Il n'y a pas d'autre solution pour réaliser la cueillette que de les enlever soigneusement. Il faut commencer par démêler les endroits où filet et végétation se sont entrelacés, pour ne pas arracher et disperser des bouquets de graines mûres.

Il faut savoir prendre son temps, couper proprement les tiges florales et les disposer une à une dans les récipients. Pour les plantes dont on ramasse le pied entier, il faut éviter, si possible, de mettre de la terre sur les graines.

Transporter la récolte

Pour rapporter la récolte du jardin jusqu'à la maison où auront lieu le séchage et l'extraction des graines, il faut prévoir des récipients ; il peut s'agir :

- des seaux pour les bouquets de tiges florales mûres ;
- des sachets lorsque les inflorescences sont assez petites ;
- des cageots, dont on aura recouvert le fond pour ne rien perdre en route.

Dans tous les cas, ces récipients ne doivent pas laisser tomber de graines.

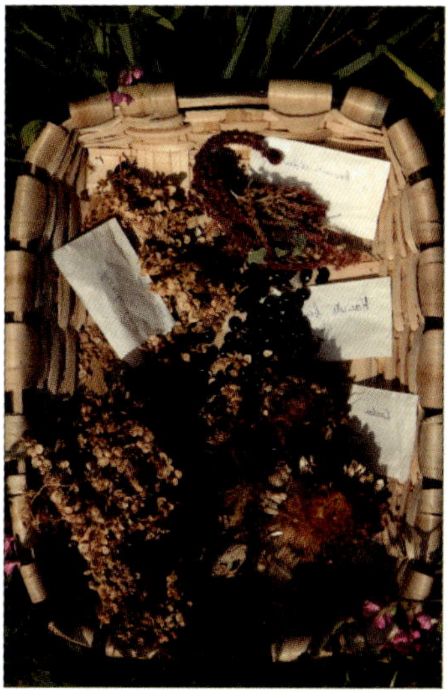

Le séchage

Le local idéal est un grenier bien ventilé, avec plancher et charpente en bois pour éviter les condensations. Mais un hangar ou un garage (ouvert) conviennent tout aussi bien.

Dans de bonnes conditions, le séchage dure entre deux et dix jours selon l'état de la plante, l'humidité et la température ambiantes, le dispositif de séchage.

Une fois récoltées, les inflorescences chargées de graines doivent être mises à sécher : pour éliminer l'humidité, mais aussi pour qu'elles achèvent de mûrir. En revanche, les fruits charnus (Solanacées, Cucurbitacées) font exception : on les stocke avant d'en extraire les graines.

Le séchage doit s'effectuer à l'abri de la lumière directe, dans un local aéré, ventilé et sec. L'air doit circuler tout autour de la récolte.

Il faut éviter la proximité de substances chimiques dont les émanations pourraient imprégner les graines et inhiber ainsi leur pouvoir de germination (voir « Le stockage » p. 69).

Pour éviter la dissémination en cours de séchage, il ne faut suspendre en hauteur aucune inflorescence risquant d'éclater ou de projeter des graines. Le mieux est d'étaler les récoltes sur un support – bannissez le ciment, le dallage, le plastique ou tout autre matériau ne laissant pas passer l'air et provoquant des condensations. Toiles, papier, carton feront l'affaire. La finesse des toiles devra correspondre à celle des graines pour éviter, par exemple, d'avoir à décrocher une à une des graines de carottes d'une toile de jute grossière. Pour des petites quantités, on peut utiliser des cageots dont le fond sera recouvert d'une feuille de papier assez mince et non glacée, de type papier journal.

Cageots (ou claies) seront surélevés pour faciliter le passage de l'air tout autour. Inflorescences et graines y seront étalées, bien écartées, sans être tassées. Les inflorescences plus volumineuses ou les pieds récoltés entiers seront disposés sur des claies plus grandes, sur des toiles ou des cartons posés à même le sol. Dans ce dernier cas, on écartera les pieds pour que l'air circule entre eux puisqu'il ne peut circuler dessous.

Si l'on suspend des bottes – têtes en bas –, on veillera à pouvoir récupérer les graines qui en tombent. On les accrochera de préférence à faible hauteur, juste au-dessus d'une couverture sur laquelle les graines ne risqueront pas de rebondir : toile grossière plutôt que plastique ou carton lisse.

Claies de séchage pour fleurs et graines...

À noter

ATTENTION : L'excès de chaleur risque de nuire aux qualités germinatives des graines : la température ne doit pas dépasser les 30 à 40 °C.

De très petites quantités de graines peuvent être séchées dans des garde-manger grillagés. Dans ce cas, il faut récolter les graines bien sèches et – faute de place – égrainer délicatement les inflorescences pour diminuer le volume à sécher.
Si le local est fréquenté par des rongeurs, il faut les piéger.
Dans la plupart des cas, la graine se conserve d'autant mieux qu'elle est plus sèche. Cependant, certaines semences (Myosotis, Sauge) voient leurs facultés germinatives baisser lorsqu'elles sont trop sèches ; d'autres (Légumineuses) deviennent dures et germent avec un retard plus ou moins important.

Sèchage de Salade en graines.

Indice

Lorsque les tiges cassent entre les doigts, lorsque les inflorescences s'émiettent, on peut considérer que la plante est sèche et que les graines sont mûres, selon les spécificités de chaque plante (voir « Les graines famille par famille » p. 87).

L'importance du séchage

Le degré de séchage est variable et ne sera pas le même selon l'humidité du milieu de stockage. Si l'humidité relative est assez stable, il y aura échange avec la graine, dont l'humidité atteindra ainsi une valeur d'équilibre : autour de 6,5 % pour les Laitues (à réserves huileuses), autour de 12 % pour les Haricots (à réserves farineuses).

Têtes de Cardon sur un séchoir.

L'extraction, le tri et le nettoyage

Si des quantités importantes nécessitent l'usage de matériels plus ou moins compliqués, de la batteuse manuelle du début du siècle aux matériels plus modernes et plus spécifiques, le jardinier amateur se contentera d'ustensiles plus simples (gants, tamis, récipients et passoire) et fera la plus grande partie du travail à la main.

Une fois les inflorescences bien sèches, il faut en extraire les graines ; c'est l'opération traditionnelle du battage. Les modalités d'extraction varient selon le type de fruits et de graines.

Les fruits et les baies charnus

• *Fruits aqueux,* principalement les Tomates. À la récolte, on étale les fruits et on les laisse achever de mûrir. Une fois qu'ils sont très mûrs, on les ouvre et on verse les graines, avec le jus et la pulpe, dans un bol ou un saladier à température ambiante, recouvert d'une gaze pour empêcher toute contamination par des insectes. Au bout de deux ou trois jours, une pellicule blanche se forme à la surface. Lorsqu'elle s'épaissit et couvre tout le bol, on l'enlève délicatement en détachant les graines qui y sont collées. On lave rapidement à l'eau chaude la pulpe décomposée et les graines, à travers une passoire fine. La pulpe doit passer à travers les mailles et il ne doit rester que les graines. On les plonge alors dans l'eau : les bonnes graines tombent au fond, les déchets et les mauvaises graines surnagent ; on les prélève pour les éliminer. Après avoir égoutté les bonnes graines, on les éponge soigneusement avec du papier absorbant, puis on les met à sécher sur une assiette, en les « émiettant » de temps en temps pour séparer celles qui sont collées. Une fois qu'elles sont bien sèches, on les stocke, entourées de papier absorbant, dans une enveloppe étiquetée.

• *Fruits charnus* (*Cucurbitacées, Solanacées*, etc.) : il faut laisser les fruits mûrir le plus longtemps possible après récolte. Dans certains cas, l'extraction se fait lorsque le fruit est sec (Piment et Poivron, Courges décoratives). Dans la plupart des cas, la chair reste ferme – Cucurbita, Aubergines, etc. – et on en extrait les graines dans le courant de l'hiver. On les lave rapidement à grande eau, chaude puis froide, pour les séparer des restes de pulpe, puis on les éponge et on les sèche comme précédemment.

Les Concombres et Cornichons, une fois récoltés, seront étalés jusqu'à ce qu'ils soient presque prêts à éclater, l'intérieur des fruits pratiquement « liquéfié », puis on procède comme pour les Tomates.

Les fleurs et les fruits secs

Les modalités d'extraction, ou battage, varient selon les plantes.

• *Graines protégées* (gousses, siliques, capsules...) : une fois bien sèches et craquantes, les gousses seront écossées. Certaines enveloppes ont tendance à éclater et à projeter leurs graines ; certaines capsules se vident de leurs graines dès qu'on les secoue (Muflier, par exemple) ou qu'on les ouvre délicatement (Papavéracées...) ; on les videra une à une lorsqu'il s'agira de petites quantités.

Pour des quantités plus importantes, il faut mettre la récolte dans un sac que l'on écrase ou sur lequel on tape avec un bâton (« battage »).

• *Graines apparentes :* c'est le cas le plus fréquent (Apiacées, Astéracées, Borraginacées, Alliacées...). Les parties récoltées contiennent des inflorescences, des débris de tiges et de fleurs séchées, le tout plus ou moins solidaire. Il faut détacher les graines de l'ensemble, puis éliminer le maximum de débris :

– ***par extraction manuelle :*** au-dessus d'un récipient bien sec (cuvette, seau), on frotte les inflorescences entre les mains. Les jardiniers qui ont la peau fragile enfileront des gants de jardin épais et, si possible, rugueux. Il faut frotter vigoureusement pour détacher les graines, sans toutefois les abîmer ;

– ***par battage :*** on peut également battre la récolte dans un sac comme indiqué plus haut ;

– ***par extraction au tamis :*** cette méthode est possible dans tous les cas, mais elle est particulièrement intéressante pour les graines qui sont fortement fixées aux inflorescences. Pour les détacher, on les frotte régulièrement sur les mailles du tamis.

Le tri et le nettoyage

Il faut s'assurer que les graines se sont bien séparées des cosses et autres débris. Comme elles sont généralement plus lourdes que les débris végétaux, on utilisera cette propriété pour les séparer : toute graine restant attachée à son enveloppe ou à un reste d'inflorescence se trouvera éliminée. Il est donc important, avant d'entamer les opérations de triage, de vérifier que les graines se sont bien détachées. Si ce n'est pas le cas, il faut poursuivre les opérations d'extraction.

Les graines les plus grosses pourront être triées à la main. Pour les autres, on aura recours à des récipients : assiettes, tamis, etc.

• *Tri à l'assiette*

Pour de petites quantités, une simple assiette creuse peut suffire. On y dépose une petite quantité du mélange à trier. En gardant l'assiette horizontale, on lui imprime des mouvements de rotation : les déchets plus légers (la balle) vont migrer en surface, alors que les graines, plus lourdes, vont rester au fond. On retire les déchets à la main et on recommence plusieurs fois l'opération ; enfin, en plaçant la bouche au ras de l'assiette, on souffle doucement, horizontalement, pour ventiler et évacuer les déchets.

Lors de l'extraction à la main ou au tamis, on essaie de faire tomber le moins de déchets possible dans le récipient, afin de simplifier le travail de nettoyage ultérieur.

Assiette ou tamis, quel que soit l'ustensile utilisé, il faut trouver la quantité adéquate de graines : s'il y en a trop peu, on aura du mal à évacuer les déchets ; s'il y en a trop, la séparation sera plus difficile. Le plus simple est de faire des essais ; la quantité correcte dépendra du pourcentage de déchets à éliminer.

Graines de Tomates cerises après filtrage et nettoyage.

• Tri au tamis

Les quantités de graines plus importantes seront passées au tamis. Si l'on imprime un mouvement circulaire régulier au tamis, tout en le maintenant horizontal, les éléments les plus lourds (dont les bonnes graines) vont migrer vers la périphérie, par l'effet de la gravité et de la force centrifuge. Les impuretés légères se retrouveront au centre ; il faudra les récupérer sur une feuille de papier rigide (fiche bristol, carton peu épais). En répétant l'opération plusieurs fois, on élimine la plus grande partie des déchets.

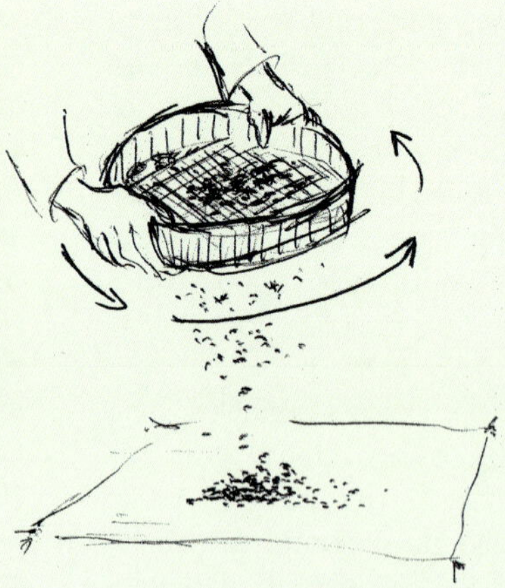

Le tamis

• C'est un outil très utile aussi bien pour effectuer certaines extractions que pour le tri ou le nettoyage des graines. Le numéro du tamis correspond au nombre de mailles au centimètre carré : on peut utiliser un tamis à sable de maçon, un tamis à bluter de boulangerie ou même les tamis en plastique des jeux de plage pour enfants. On peut aussi se servir des passoires de ménage, mais les tamis sont plus pratiques car leur fond est horizontal. Les tamis à mailles plus petites que les graines permettent d'éliminer la poussière.

• Si les graines sont de calibre inférieur à celui des mailles du tamis, elles passeront à travers ; il faut alors prévoir une toile ou un récipient pour les recueillir. Les graines plus grosses seront séparées des déchets par gravité. Avec des tamis de différentes finesses, on peut trier l'ensemble des graines.

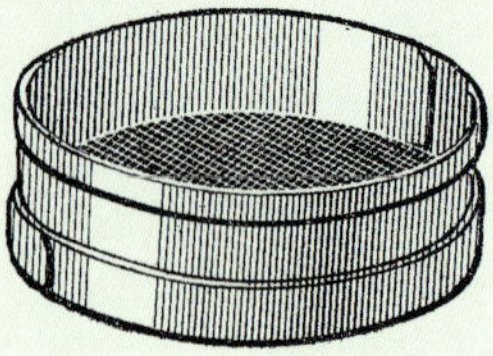

Le stockage

Avant de stocker les graines, il faut s'assurer qu'elles sont bien sèches. Un taux d'humidité trop élevé risque d'entraîner fermentations et moisissures. Si, en revanche, elles sont trop sèches, le germe peut être endommagé.
Si les conditions de culture et de récolte sont fondamentales pour assurer les qualités génétiques et germinatives, c'est des conditions de stockage (local, emballages, température et humidité) que dépend le maintien de ces qualités.

Qualité et stockage

L'exemple des ***graines de Reine-marguerite*** montre l'importance de ces facteurs : le pourcentage de germination est mesuré pour des graines de un à quatre ans, selon la température de conservation et l'humidité relative du stockage.
Une humidité relative faible (moins de 40 %) et une température basse (inférieure à 12 °C) permettent le meilleur maintien des facultés germinatives.

Stockage au Biau Germe.

Germination des graines de Reine-marguerite

À une température fixe de 20°C

Humidité relative en %	Âge des graines			
	1 an	2 ans	3 ans	4 ans
10	85	82	75	60
20	85	75	55	0
40	85	55	0	0
50	60	0	0	0
75	0	0	0	0

À une humidité relative fixe de 40 %

Température	Âge des graines			
	1 an	2 ans	3 ans	4 ans
4 °C	85	85	85	85
12 °C	85	85	85	80
20 °C	85	72	0	0
30 °C	23	0	0	0

Ainsi, l'amateur, en maintenant longtemps ces qualités, peut ne multiplier chaque année qu'une partie de ses trésors.

Indice

Il est impossible à un amateur de vérifier le taux d'humidité, au demeurant variable selon les espèces. Mais on peut se fonder sur certains indices :
– graines trop sèches : craquelées ou cassantes, elles sont de couleur terne ;
– graines trop humides : l'ongle s'enfonce dans la graine, dont l'aspect est luisant.
La graine ne doit pas être trop molle et doit se casser lorsqu'on la mord. Le cas échéant, on lui fait subir un séchage supplémentaire.

Il faut se méfier cependant des bois reconstitués – contreplaqués et surtout agglomérés : certaines colles utilisées pour leur fabrication contiennent des produits plus ou moins volatils, inhibiteurs de la germination. Dans ce cas, les graines doivent être stockées dans des récipients ou des emballages étanches, sans aucun échange gazeux avec le bois reconstitué.

Pour de petites quantités, les enveloppes en papier restent les plus simples à utiliser.

Le mobilier et les récipients de stockage

Les meubles ou récipients (casiers, coffres, etc.) en bois présentent l'avantage de réguler les conditions atmosphériques, isolant les graines des excès de froid, de chaleur et d'humidité.
Les contenants métalliques – armoires, boîtes à biscuits… – ont deux défauts majeurs :
– leur pouvoir isolant est nul, ce qui entraîne un risque de surchauffe des graines ;
– ils ont tendance à condenser l'humidité. Pour pallier cet inconvénient, on peut y mettre des produits absorbant l'humidité (voir ci-dessous).
Il faut donc veiller à ne pas les laisser ouverts ou exposés à la chaleur.
Le verre présente les mêmes défauts que le métal, auxquels s'ajoute la transparence. Les bocaux pourront être utilisés pour les grosses graines qu'ils protégeront des insectes, pourvu qu'ils restent à l'obscurité et que les graines soient bien sèches.

Les sachets et les boîtes

Dans le commerce, de plus en plus de graines sont conditionnées en sachets étanches (plastique ou aluminium) qui les maintiennent à l'abri de l'humidité (mais non de la chaleur) jusqu'à leur ouverture. Ne pouvant réaliser, faute de posséder le matériel nécessaire, de tels conditionnements, l'amateur dispose de matériaux plus classiques : papier, carton, tissu. Les sacs de toile sont pratiques pour les grandes quantités : Légumineuses, Céréales, Oléagineux, *Cucurbita*, etc. Papier et tissu permettent aux graines de respirer, mais leur emploi entraîne la nécessité d'une surveillance régulière, du taux d'humidité en particulier.

Les absorbeurs d'humidité

Les graines – sèches, mais vivantes – absorbent facilement l'humidité. Même si l'on veille aux conditions hygrométriques du stockage, il peut arriver que de nombreuses graines soient détériorées : deux précautions valent mieux qu'une.

Astuces

Au moment de l'emballage, on entoure les graines de papier absorbant et on les glisse dans une enveloppe ou un sachet. Pour les grosses graines conservées en boîtes de métal ou en bocaux de verre, on peut utiliser des produits absorbant l'humidité, que l'on remplacera régulièrement. Il peut s'agir de coton hydrophile, de « grains d'eau » (vendus pour augmenter la capacité de rétention d'eau des terreaux), etc. Ces produits ne devront pas être au contact des graines ; celles-ci seront emballées au préalable dans des sacs en papier ou en tissu.

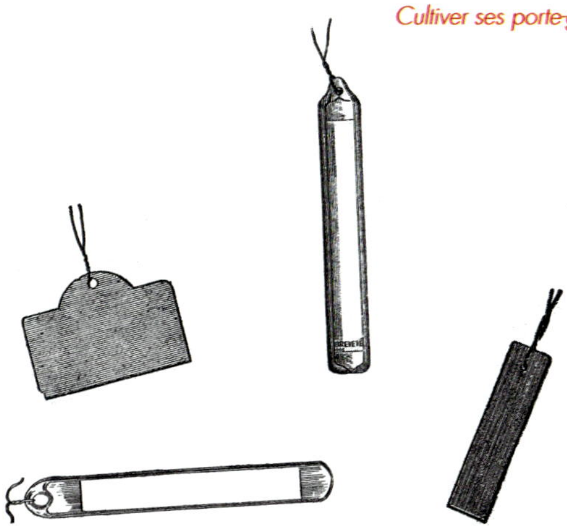

L'étiquetage

Si les graines récoltées à quelques jours d'intervalle peuvent être groupées, mieux vaut séparer, pour la même variété, celles récoltées à deux périodes différentes, comme les Tomates de juillet et celles de la fin septembre.

Tous les lots doivent être soigneusement étiquetés. Sur tous les sachets, enveloppes ou boîtes doivent figurer : les noms d'espèce et de variété, les date et lieu de récolte, ainsi que des informations sur d'éventuels problèmes : hybridation potentielle, maladies ou difficultés rencontrées en culture.

À partir d'une certaine diversité de graines, mieux vaut tenir un petit registre des variétés multipliées et des stocks. On pourra ainsi noter, par exemple, les critères particuliers de sélection.

Peut-on stocker au réfrigérateur ?

Les banques de semences, telles celles du GEVES (Groupe d'études et de contrôle des variétés et des semences), conservent les graines en chambre froide entre 2 et 5 °C, sous atmosphère contrôlée, pour maintenir le plus longtemps possible leurs facultés germinatives.

Il n'est pas possible à un amateur de stocker toutes ses graines au réfrigérateur, mais il peut le faire dans certains cas : pour les graines à durée germinative réduite (deux ans ou moins) ; pour les variétés rares dont il veut assurer la conservation pendant plusieurs années. Passé ce délai, on les remplace par une récolte plus récente dont on a vérifié les qualités germinatives.

Le réfrigérateur peut assurer le rôle de chambre froide pour la température, mais pas pour l'humidité. Il faudra éviter de le débrancher pendant plus de quelques heures d'affilée (de vingt-quatre à quarante-huit heures au maximum).

Pour ce type de stockage, il faut procéder de la manière suivante :

– les graines bien sèches sont emballées dans du papier absorbant, puis placées dans une enveloppe étiquetée ;

– le tout est rangé dans un emballage parfaitement étanche en bas du réfrigérateur.

Il ne faut pas oublier qu'une fois les graines sorties de la chambre froide, leur pouvoir germinatif peut baisser en quelques jours ou en quelques semaines selon les espèces.

Le semis et la germination

Si, par exemple, en fin d'automne, on ramasse sous un Chêne des Glands que l'on sème quelques mois plus tard, il y a peu de chances pour qu'ils germent. Mais, sous le même Chêne, l'été suivant, l'on pourra voir de nombreux jeunes plants, issus de la même floraison que ceux qui avaient été ramassés. Trouvant des conditions favorables dès qu'ils sont arrivés au sol, les Glands ont germé tout de suite ; les autres, faute de ces conditions immédiates, ont perdu leurs facultés germinatives.

De bonnes conditions de culture, de récolte et de stockage assurent une faculté germinative maximale aux graines. Vient le temps des semis, épreuve de vérité qui doit faire passer la graine d'un état de vie ralentie à une activité extraordinaire.

Tests de germination.

Pour franchir ce pas, il faut que les conditions externes soient favorables (voir p. 76 et suiv.), et que la graine soit en état physiologique de démarrer la phase de germination.
À l'état sauvage, les graines représentent une forme résistante permettant la survie de l'espèce dans les conditions les plus difficiles. Dans de nombreux cas, la maturité morphologique (apparente) coïncide avec la maturité physiologique (réelle) : le semis peut se faire dès la récolte.

Mais il arrive qu'une graine apparemment mûre, placée dans des conditions adéquates, ne germe pas. Il peut s'agir d'une graine morte, mais, le plus souvent, elle est entrée en ***dormance,*** inaptitude temporaire à la germination.

Germination de graines de Moutarde.

La non-germination : assurance survie des graines sauvages

Si toutes les graines d'une même plante germaient en même temps, notre planète serait un désert.
En effet, le moindre accident climatique détruirait toute cette descendance.
Pour éviter cela, les graines sauvages ne germent jamais toutes ensemble. Cela permet à la nature de garder en réserve des semences qui émergeront plus tard...

Exemple

Parmi des graines de Lavande récoltées en fin d'automne et semées en mars, seules quelques-unes vont germer ; si l'on conserve le bac de semis en l'humidifiant, on verra d'autres graines lever à l'automne, puis d'autres encore au printemps suivant : les graines récoltées avaient des dormances variables.

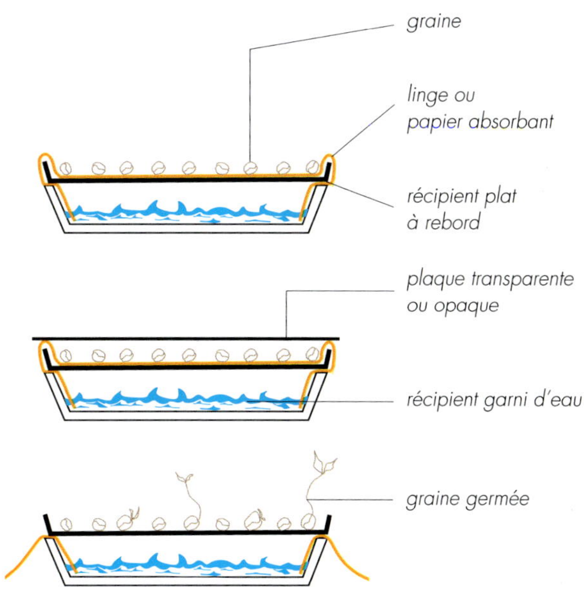

Le taux de germination - mesuré ou estimé - des graines maintenues à l'humidité permet de connaître la valeur germinative d'un lot de graines.

Les tests de germination

Les maisons grainières vérifient régulièrement la qualité de leurs lots de semences pour ne mettre en vente que ceux présentant les garanties légales. Pour cela, elles procèdent à des tests de germination. Si l'amateur n'a pas ce genre de préoccupations réglementaires, il a intérêt cependant à pratiquer des tests simples qui permettent de vérifier :

– l'état d'un lot de graines rares et de les multiplier avant que la faculté germinative ne baisse trop ;
– si une mauvaise levée est due aux conditions du milieu, à une dormance ou à la mort des graines ;
– l'efficacité de la levée de dormance (voir « La dormance », page suivante).

On réalise ces tests en mettant les semences dans les conditions optimales de germination (humidité, chaleur, lumière) indiquées pour un certain nombre d'entre elles dans les tableaux en fin d'ouvrage (p. 157 et suiv.).

Les dispositifs

Les graines sont disposées sur un milieu humide, mais non immergées, à température constante, à l'obscurité ou à la lumière selon leurs besoins.

On peut utiliser un linge ou un papier absorbant épais placé sur un récipient plat à rebord. Le matériau absorbant débordera et ira plonger dans un récipient garni d'eau et placé au-dessous, faisant mèche pour maintenir l'humidité. Un papier de ménage (essuie-tout) suffit pour les graines germant vite, mais, comme ce type de papier se délite assez vite, il vaut mieux utiliser un linge pour les germinations lentes.

Les graines doivent être disposées sur la surface absorbante, écartées régulièrement les unes des autres, ce qui permettra d'obtenir aisément une idée claire et globale du taux de germination.

Pour maintenir humidité et chaleur régulières, on recouvre le récipient d'une plaque, transparente ou opaque selon les besoins en lumière de la variété considérée. Le tout est placé dans un endroit où la température moyenne correspond aux conditions optimales recherchées. Bien adapté à des graines moyennes, ce dispositif sera modifié en fonction des graines testées.

Pour les graines très fines, il faut utiliser un papier filtre ou un linge fin et mélanger une infime pincée de graines à du sable fin dans une cuillère à café, pour que ce test de semis soit le plus clair possible.

Germination et végétation du Radis ; sur la première photographie à gauche, on distingue nettement les dycotylédons et les radicelles.

Radis de 18 jours.

La dormance

Les phénomènes de dormance sont complexes et peuvent avoir plusieurs origines.

• Dormance tégumentaire : les téguments de la graine empêchent sa germination par imperméabilité à l'eau (Nymphéacées, Légumineuses, Malvacées), par imperméabilité à l'air (Astéracées, Graminées), par leur dureté qui empêche l'expansion de l'embryon, ou par la présence d'agents inhibiteurs.

• Dormance embryonnaire : alors que la graine présente tous les signes extérieurs de maturité, le développement de l'embryon est inachevé et bloqué.

• Dormance due aux conditions externes : la graine a besoin de subir certaines conditions ; il s'agit, la plupart du temps, du froid (correspondant à un hiver), mais cela peut aussi concerner des alternances de lumière (photodormance), etc.

• Dormances complexes : elles combinent plusieurs causes.

• Dormances secondaires : alors qu'elles peuvent germer tout de suite après la récolte, certaines graines entrent en dormance ultérieurement, voire alternent des états de vitalité et des états de dormance, les deux possibilités pouvant cohabiter dans un même lot de graines. C'est le cas de la lavande : après stratification (voir p. 76), seule une partie des graines lèvent ; si on laisse le bac de semis un hiver dehors, on a toutes les chances de voir d'autres plants de Lavande apparaître au printemps suivant.

• *Graines très fines :* il est difficile de placer une à une des graines de Pétunia (11000 graines par gramme). De plus, elles ne doivent pas se noyer dans l'épaisseur d'une surface absorbante gorgée d'eau. Le comptage et l'établissement d'un pourcentage de germination ne seront pas possibles, mais on pourra quand même juger de la valeur du lot de graines.

• *Grosses graines :* il faut que ces graines absorbent une grande quantité d'eau avant de mettre en branle le processus de germination qui, lui-même, requiert encore plus d'eau. On procédera donc de la manière suivante, à la température optimale :

Test de germination dans une armoire tempérée.

– tremper pendant douze à vingt-quatre heures en eau tiède (30 °C) pour imbiber parfaitement les graines ;
– maintenir un fond d'eau dans le bac de germination, comme dans les germoirs alimentaires que l'on trouve dans les magasins de diététique ;
– recouvrir d'un papier absorbant maintenu humide.

La dormance et la sélection humaine

Les phénomènes de dormance sont d'autant plus importants que la plante est proche du type sauvage. Obligées de lutter pour assurer la survie de l'espèce, les plantes sauvages développent le maximum de comportements de protection, dont la dormance. Sélectionnées par l'homme d'année en année depuis des siècles, les plantes cultivées ont bénéficié de la prise en charge par les cultivateurs de cet impératif de survie, qui a été remplacé par un impératif de germination annuelle. Plus elles se sont éloignées du type sauvage et plus leur germination est rapide et facile.

Un simple contact humide d'une partie de la graine ne suffit pas, d'autant que nombre d'entre elles ont des téguments assez durs.

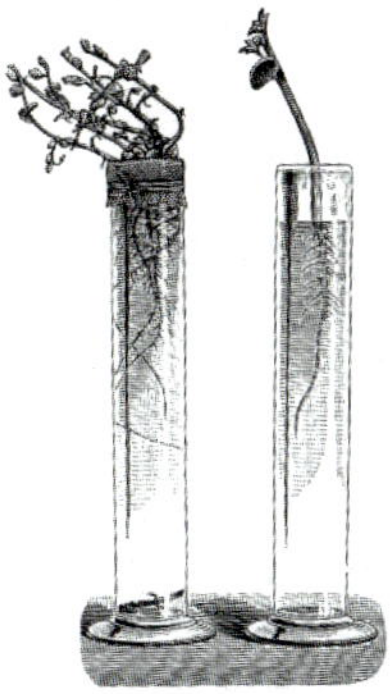

Les plantes aromatiques, qui sont généralement à une étape intermédiaire de leur évolution, ont des comportements variables.

Dormance chez les Brassicacées

Les Brassicacées (voir p. 93) en sont un exemple remarquable marquant l'évolution du temps de germination. La diversité des plantes créées par l'homme, à partir du Chou sauvage, sous forme de véritables espèces agricoles qui ne sont même plus fécondes entre elles mais germent très vite. En revanche, les plantes qui ont gardé le caractère d'interfécondité avec les types sauvages ont souvent des germinations plus longues ou plus difficiles, comme les Carottes, les Panais, le Persil et de nombreuses Apiacées.

Comment faciliter la germination ?

Qu'il s'agisse de lever les dormances ou de faciliter des germinations laborieuses, un certain nombre de traitements sont possibles.

La stratification

Il s'agit d'un séjour d'une certaine durée dans des conditions thermiques (froid ou chaud) et hygrométriques déterminées. Cette méthode était traditionnellement utilisée pour les graines d'arbres ou de plantes vivaces que l'on disposait en couches alternées dans un récipient (pot) avec du sable, pour y passer l'hiver, enterré en exposition nord.

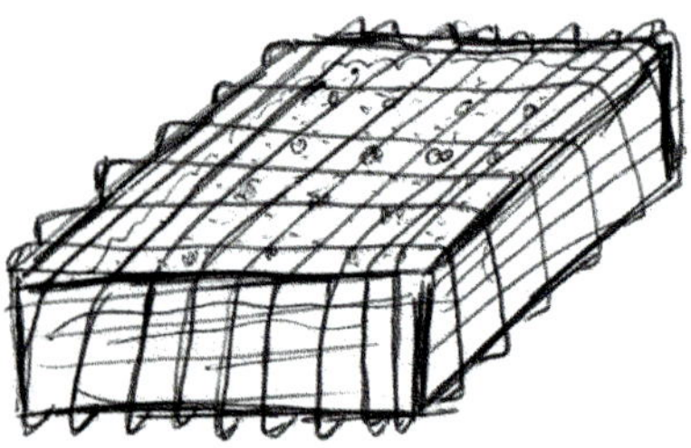

Pour assurer des conditions optimales de germination et faciliter les levées de dormance, on prépare les bacs de semis comme d'habitude ; on les fait hiverner à exposition nord, protégés des ravageurs par un grillage.

Les connaissances actuelles sur la physiologie des graines ont diversifié les traitements thermiques, et l'on procède différemment selon que les graines sont traitées seules ou mélangées à un substrat.

• *Graines seules :* les semences sont disposées telles quelles dans des récipients ou des sacs en matière plastique étanche, et placées dans les conditions thermiques recherchées :

– ***le froid :*** sous nos climats marqués par des alternances saisonnières, l'hiver est souvent un passage obligé, la graine devant subir une certaine quantité de froid pour germer. On place les graines dans un sac étanche, quarante-huit heures au congélateur ou huit à quinze jours dans le casier à glace du réfrigérateur. Une fois sorties du réfrigérateur, elles doivent être semées assez vite, car certaines graines peuvent entrer en dormance secondaire renforcée, voire mourir ;

– ***l'alternance thermique :*** dans certains cas, des alternances de chaleur et de froid sont nécessaires ; pour Rosa canina, par exemple, dont on lève la dormance par une stratification chaude (18-20 °C) pendant deux mois suivie d'une froide (3-5 °C) pendant cinq mois.

• *Graines dans un substrat :* elles sont installées dans un mélange sable-tourbe-terreau : c'est la stratification proprement dite. Plusieurs procédés sont possibles :

– ***stratification simple :*** il s'agit de mélanger graines et sable en couches alternées dans un récipient que l'on place dans les conditions choisies. On utilise ce procédé pour des graines assez grosses pour être ensuite facilement retirées du sable ;

– ***semis stratifié :*** les graines sont semées (en bac ou godets) de manière normale. Le semis est placé dans les conditions déterminées. Il s'agit, la plupart du temps, de passer l'hiver dehors en exposition nord ; au printemps, le récipient de semis est placé dans les conditions

optimales de germination de la variété correspondante, le séjour au froid ayant mis les graines en position de faculté germinative maximale.
On peut aussi utiliser cette méthode pour n'importe quelles graines : les grosses graines pourront être semées en godets, de même que toutes celles dont le repiquage à racines nues est délicat. Les graines faciles à repiquer seront semées en bacs.

La scarification et l'épluchage

La présence de téguments durs et épais, imperméables, voire multiples, peut induire une dormance profonde ou une levée longue et laborieuse. La scarification consiste à user ou à inciser les téguments pour permettre à l'air et à l'eau de pénétrer à l'intérieur de la graine et à l'embryon de se développer. L'amateur peut la pratiquer soit en enlevant délicatement une partie des peaux avec un cutter, soit en les « ponçant » avec un papier de verre grossier ou une râpe assez fine, ou encore entre deux feuilles de papier de verre.

Mais il faut veiller à ne pas toucher l'embryon.
On peut fendre l'écorce non adhérente à la graine comme pour les Glands. Certaines graines à coque peuvent être éclatées, les noyaux cassés (Cerise, Olive...) mais, lorsque la graine et la coque sont intimement mêlées (Noix), le bris de la coquille entraîne des dégâts sur l'embryon.

La méthode du « semis stratifié » permet de pratiquer la stratification en extérieur pour les graines trop petites pour être séparées du substrat une fois qu'elles y sont placées. On utilise un mélange composé de sable et de terreau à parts égales, qui pourra nourrir les jeunes plantes de la levée au repiquage.

Décortiquage de la graine de Laurier-sauce

Certaines graines peuvent être décortiquées, comme celles du laurier-sauce : la première peau charnue peut être enlevée après trempage dans de l'eau tiède, de quelques heures si elle est fraîche à vingt-quatre heures si elle est sèche. Il faut ensuite faire de nouveau tremper les graines au moins une nuit avant d'éplucher la cuticule brun foncé recouvrant la graine proprement dite, qui est jaune. Il reste ensuite à semer à l'obscurité, à 20-25 °C, et à attendre plusieurs semaines la levée.

Trempage de Pois chiche.

Trempage de graines de Courges ; il est toujours utile d'identifier les graines mises à tremper.

Le trempage

Pour lever la dormance ou accélérer la levée, de nombreuses graines apprécient un trempage à l'eau avant le semis.

Comme les petites graines mouillées sont encore plus difficiles à semer, on réserve ce traitement aux graines assez grosses : une nuit, ou même seulement quelques heures, dans de l'eau tiède raccourcit la levée.

Dans certains cas, le trempage fait appel à des substances chimiques :

– ***substances de croissance comme l'acide gibbérellique :*** Lavande, Troène (Ligustrum) ;

– ***nitrate de potassium*** : Laitue, Frêne ;

– ***acide sulfurique :*** c'est un traitement de choc efficace (par exemple pour *Cornus sanguinea*)

Ces trois techniques sont à réserver aux spécialistes en particulier celles qui utilisent le nitrate et l'acide sulfurique, qui sont des matières dangereuses.

La prégermination est intéressant pour les petites graines : il permet à la fois de réaliser des semis plus clairs et de hâter la germination.

La prégermination pour les petites graines

Méthode intermédiaire entre stratification et trempage, la prégermination consiste à mélanger les graines avec un substrat (mi-sable, mi-tourbe ou terreau) tamisé, bien humidifié et égoutté. Le mélange est laissé un certain temps à température ambiante (15-25 °C), puis semé. La durée et la température varient selon les espèces, en fonction de leur température et de leur durée moyenne de germination.

Quelles plantes multiplier ?

Variétés rares et nouvelles espèces

Le jardinier n'a que l'embarras du choix et il optera, la plupart du temps, pour des variétés rares. C'est souvent ainsi que de nouvelles espèces ou variétés ont réussi à se faire connaître et à se répandre dans les jardins.

Maintenir et multiplier une variété, c'est d'abord disposer d'un stock de graines capables de germer. Le multiplicateur amateur tiendra compte en premier lieu des facultés germinatives (durée et pouvoir germinatif) de la plante considérée (voir tableau p. 157 et suiv.), en veillant à lui assurer les conditions optimales de conservation. Il lui faudra aussi choisir en fonction des risques d'hybridation, pour ne pas mélanger deux variétés d'une même espèce.

Les graines de faible durée de vie (un ou deux ans) doivent, de toute façon, être multipliées tous les ans, ce qui limite la capacité de multiplication des plantes allogames à une variété par jardin (voir encadré ci-dessous).

À l'opposé, les graines de bonne conservation permettent de multiplier un maximum de variétés, une par an pendant la durée de conservation des graines.

Graines à durée de vie importante

Parmi les graines qui se conservent six ans ou plus, on trouve : Artichaut, Basilic, Bette et Betterave, Aubergine, Bourrache, Cardon, Persil, Chicorée, Concombre et Cornichon, Courge, Balsamine, Coquelicot, Lin, Larme-de-Job, etc.

Comme l'énergie germinative est une chose capricieuse qui peut être perturbée au moindre incident de conservation, mieux vaut faire des tests de germination (voir p. 73) annuellement ou planter quelques pieds de chaque variété tous les ans – au moins pour les variétés les plus rares et les plus précieuses –, quitte à ne laisser fleurir que celles qui germent le moins bien et à recourir aux techniques d'isolement des plantes (voir p. 53-54) si plusieurs variétés d'une même espèce allogame doivent être sauvegardées la même année.

Il faut alors jongler avec les variétés et les périodes de floraison.

• *Les graines de Chou* ont une durée germinative de quatre à six ans ; comme les Choux de Bruxelles et les Choux-fleurs précoces fleurissent plus tôt que les Choux pommés, on peut arriver à alterner les variétés, moyennant une bonne surveillance des floraisons. On peut aussi prendre la précaution de recouvrir d'un voile des pieds déjà fécondés, pour permettre à ceux d'une autre variété de fleurir et d'être fécondés à leur tour.

La multiplication par les amateurs permet aussi de conserver nombre de variétés qui disparaissent d'une année à l'autre des catalogues. Comme cette variété de Chou non pommé rouge, tendre et résistant au froid, qui n'est restée que quelques années au catalogue d'une grande maison de vente par correspondance, sans doute faute d'amateurs, au grand désespoir d'un jardinier de mes amis qui, heureusement, en avait conservé quelques graines qu'il ressème et entretient avec amour.

La majorité des plantes cultivées conservent leurs facultés germinatives entre trois et cinq ans.

Graines à faible durée de vie

• Légumes et aromates : Angélique, Anis vert, Cerfeuil tubéreux, Cerfeuil vivace, Crambe, Oignon, Panais, Poireau...

• Fleurs : Ancolie, Asparagus, Benoîte, Cosmos, Cobée, Dimorphotheca, Eschscholzia, Gerbera, Gloxinia, Kochia, lunaire, Nigelle, Phlox, Physalis, etc.

Le jeu du petit créateur

La plupart des légumes de nos jardins ont été sélectionnés de façon empirique : ce sont des jardiniers du temps jadis qui, chaque année, choisissaient les beaux plants, les faisaient grainer, et cela sans relâche au fil des siècles.
Les connaissances que nous possédons aujourd'hui sur les mécanismes de la reproduction nous permettent d'agir plus directement et d'orienter la fécondation de nombre des plantes de nos jardins, de créer, puis de fixer les hybrides.
Le cas le plus simple est celui des *Cucurbitacées* (voir p. 57). Il suffit de féconder manuellement la fleur femelle d'une variété avec le pollen d'une autre ; les graines ainsi obtenues seront semées l'année suivante et c'est sur leurs fruits que débutera la sélection. C'est avec les Cucurbita que l'opération est le plus facile ; les choses sont un peu plus délicates avec les autres Cucurbitacées (Concombre, Cornichon, Melon).
Les hybridations se pratiquent aussi en culture intensive et en champ sur le Maïs : des lignes « mâles » (paternelles) sont semées entre des lignes « femelles » (maternelles). Les fleurs mâles de la lignée femelle sont supprimées (castration), pour que les fleurs femelles maternelles soient fécondées par le pollen paternel.
Au jardin, on peut pratiquer cette fécondation en frottant le pollen paternel sur le pistil maternel, avant de l'enfermer dans un sac ou un voile (voir ci-dessous).

C'est un peu plus difficile pour d'autres plantes aux fleurs hermaphrodites plus petites. Mais rien n'est impossible... Dès lors que vous arrivez à supprimer les étamines sur les fleurs maternelles, il vous est possible d'essayer la fécondation manuelle, suivant la méthode mise en œuvre pour les Cucurbitacées (voir p. 57).

1. Choisir deux fleurs à croiser.

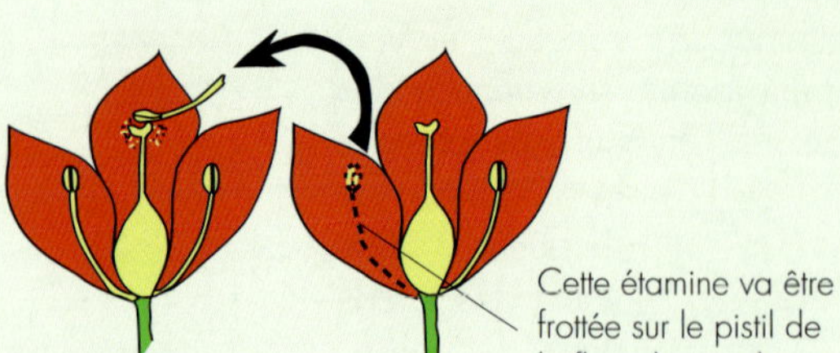

2. Supprimer les étamines.

3. Après fécondation, protéger la fleur fécondée.

D'où vient cet hybride ?

On dit souvent qu'il ne faut pas ressemer les graines issues de semences hybrides. De nombreuses personnes en concluent qu'elles sont stériles ! En fait, il est déconseillé de les semer non pas qu'elles ne germent pas, mais parce que le résultat est très hétérogène. C'est là toute la spécificité et tout l'intérêt de ces hybrides de première génération. La première génération, les fameux hybrides F1 (HF1), est très homogène, car elle rassemble les caractères génétiques (gènes dominants) des lignées parentales. La seconde génération, en revanche, voit resurgir toute la diversité des patrimoines génétiques et ressortir les gènes récessifs.

Les lois de Mendel

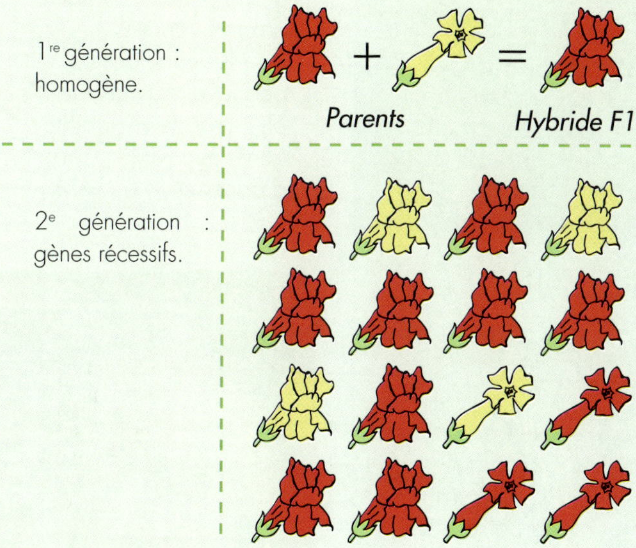

Ainsi il existe deux types de fleurs de Gueules-de-loup (Muflier) : à symétrie bilatérale (dominant) ou à symétrie radiale (récessif). Si l'on croise des fleurs rouges à symétrie bilatérale avec des fleurs jaunes à symétrie radiale, toutes les fleurs de la première génération seront rouges à symétrie bilatérale, mais, à la seconde génération, on verra ressortir tous les types : sur 16 fleurs, on aura des bilatérales rouges (9) ou jaunes (3), des radiales rouges (3) ou jaunes (1).

Autre petit jeu : découvrir les parents de votre hybride F1

Rien ne vous empêche, en semant des graines issues d'hybrides F1, de vous amuser à faire émerger une partie de cette diversité et de reprendre une sélection en ne retenant, pour vos semis de l'année suivante, que certains des sujets obtenus. Vous avez peu de chances de donner ainsi naissance à une nouvelle variété miracle, mais les résultats peuvent être passionnants à observer.
Une fois ces graines d'hybrides semées, il faut choisir quel(s) type(s) on veut reproduire et éliminer radicalement les plantes « anormales », qui s'éloignent trop de l'espèce habituelle ou des caractères que vous souhaitez conserver.

Les Pissenlits sauvages constituent d'excellents porte-graines pour ceux qui souhaitent cultiver cette salade de premier choix !

Les échanges de graines

Depuis quelques années, les bourses d'échange de plants s'organisent entre voisins ou amis, au sein d'un groupe ou d'une association, ou encore par l'intermédiaire de la presse spécialisée. Autant d'occasions d'échanger des graines et de mettre sur pied de réelles équipes de sélection ; un plus grand nombre de porte-graines, répartis sur plusieurs jardins, permet d'assurer une plus grande variabilité génétique (voir « Carnet d'adresses », p. 163).

Arrivée d'espèces nouvelles

Le Potimarron en est un bon exemple : au début des années 1980, un agriculteur biologique rapporta du Japon des graines d'un « Potiron d'Hokkaïdo » ; la revue *Les Quatre Saisons du jardinage* venait de naître et j'avais le plaisir d'y collaborer. Le Potimarron fit la couverture du numéro 3 (juillet-août 1980), et nous fûmes quelques-uns à installer des graines dans nos jardins. Devenu une des plantes fétiches des jardiniers bio, il fut mis en culture dans toute la France en quelques années. On le trouve maintenant dans les grands catalogues de jardinage.
Longue, sucrée, exempte d'acidité, contenant très peu de graines et très peu d'eau, la Tomate des Andes démarra sa carrière en France à la même époque, rapportée du Pérou par un jardinier biologique de Dordogne, militant de Nature et Progrès, qui en distribuait quelques graines au hasard des réunions...

Les Cucurbitacées, un potentiel d'hybridation énorme !

LES GRAINES FAMILLE PAR FAMILLE

Les principales familles végétales

Les plantes du jardin appartiennent à de nombreuses familles. Les fiches suivantes donnent des indications pour cultiver et recueillir les graines de vingt-sept familles plus ou moins importantes. Ces fiches sont classées par ordre alphabétique.
La reproduction des plantes ornementales présente quelques problèmes spécifiques qui sont étudiés page 121.
Les plantes sauvages et les arbres sont traités dans un chapitre particulier (voir p. 131).
Les principales données relatives à la germination des graines figurent pour les fleurs p. 150 et suiv., pour les légumes et plantes aromatiques p. 157 et suiv.
Un index permet de replacer un grand nombre de plantes les plus usuelles dans leur famille botanique.

AMARANTACÉES

Dans les jardins, on rencontre les amarantes alimentaires (dont on consomme feuilles et graines, 1 000 graines par gramme) ou décoratives comme la Célosie (1 300 graines par gramme).

C'est une famille proche des Chénopodiacées, avec des plantes allogames dont les fleurs sont groupées en épis de glomérules. Les jardiniers redoutent les « mauvaises » amarantes qui se disséminent très vite.

Récolte

Pour la récolte des graines, il faut cueillir délicatement les panicules lorsqu'elles changent de couleur, les mettre rapidement dans un seau et les laisser sécher à l'ombre, bien étalées. Pour extraire les graines, on secoue les panicules sèches ; pour les plus dures, on les frotte entre les mains (avec des gants de jardin), puis on nettoie au tamis.

Amarantes.

Carottes.

APIACÉES (ex-Ombellifères)

Famille essentiellement alimentaire, avec :
- des légumes bisannuels : feuilles (Céleri-branche, Fenouil) ou racines (Carotte, Céleri-rave, Panais, Persil-racine) ;
- des aromates annuels (Aneth ou Anis vert, Carvi, Coriandre, Cerfeuil commun), bisannuels (Angélique, Persil, Cerfeuil tubéreux) ou vivaces (Ache, Myrrhe odorante, Fenouil).

Une plante décorative figure au sein de cette famille : l'Éryngium, ou Panicaut.

Ce sont, pour la plupart, des plantes de l'hémisphère Nord, rares sous les tropiques (sauf la Coriandre et le Fenouil) et, de ce fait, très sensibles aux excès de chaleur qui provoquent l'échaudage des ombelles : elles noircissent prématurément.

Organisation florale et botanique

Les fleurs sont simples, groupées en ombelles. Elles constituent de véritables groupements de fleurs, ce qui favorise la pollinisation par les insectes, et donc l'allogamie. Une même ombelle rassemble souvent plusieurs types de fleurs : à la périphérie très nectarifères pour attirer les pollinisateurs , mais stériles ou mâles ; et hermaphrodites au centre, ce sont celles qui donnent les graines. Le fruit est un diakène, le plus connu étant la graine de Carotte.

Durée germinative

La durée germinative est très variable : assez bonne (de quatre à six ans) pour la Carotte, le Céleri, le Fenouil, le Persil, le Cerfeuil commun qui germent assez bien (quoique lentement) ; d'autres espèces, en revanche, demandent à être semées dès la récolte (Angélique, Cerfeuils tubéreux ou vivaces, Ache), car elles entrent en dormance rapidement ; si on ne les sème pas d'emblée, il faut les stratifier une bonne partie de l'hiver pour les réveiller. Les graines de Panais doivent être semées dans l'année qui suit leur récolte.

Ache ou Céleri.

Caractéristiques de la famille

Nombre d'entre elles sont restées proches des types sauvages, avec lesquels elles peuvent souvent s'hybrider ; si cela n'est pas trop gênant pour les aromates, il faut être vigilant avec les légumes. Et faire, en particulier, la chasse aux Carottes sauvages qui présentent l'inconvénient d'être annuelles, alors que la sélection a rendu les variétés domestiques bisannuelles. ***La distance de sécurité est de 500 mètres entre variétés d'une même espèce et souches sauvages.***

Sélection des porte-graines

Pour les aromates annuels, il faut sélectionner sur la durée maximale de végétation et la résistance à la montaison.

Pour les bisannuelles, on commence par faire la chasse à celles qui fleurissent la première année de culture. Puis on sélectionne la résistance au froid et/ou la bonne conservation hivernale. On recherchera également la régularité des racines, non fourchues.

Culture du porte-graines

• *Céleri-branche et Fenouil* sont sensibles au froid, et il n'est pas nécessaire de sacrifier des plants entiers pour produire des graines. Les pieds sélectionnés comme porte-graines seront coupés à deux centimètres au-dessus du collet, de manière à garder des bourgeons qui émettront des tiges florales l'année suivante. Avant les froids, on arrache le reste du pied avec une bonne motte de terre. L'ensemble est mis sous châssis, puis replanté en fin d'hiver.

• *Les Panais* sont résistants au froid et peuvent passer l'hiver en terre ; de même pour les Carottes dans les régions tempérées, alors que le Céleri-rave doit être arraché avant les gelées. En fin d'hiver, on replante quelques racines bien conservées et présentant des rejets vigoureux. Il faut prévoir un bon écartement des pieds de Panais (au moins 60 centimètres) et tuteurer les tiges florales.

Récolte des graines

Les graines sont striées, de formes variées. Elles sont mûres lorsque l'ombelle vire du vert au brun. Elles dégagent toutes une odeur prononcée caractéristique de l'espèce. Lorsque l'on pense que les graines sont mûres, on peut les frotter avec les doigts : si le parfum est bien établi, elles sont arrivées à maturité.

On cueille les ombelles une à une avant de les étaler sur du tissu pour que les graines achèvent de mûrir et de sécher. Très mûres, elles se détachent et se disséminent ; il faut donc les récolter avant qu'elles soient complètement brunes, même si toutes les graines d'une ombelle ne sont pas à point.

Il faut les faire sécher plusieurs semaines ; à ce stade, nombre de graines se sont séparées des ombelles ; pour les autres, il faut frotter les ombelles, puis trier.

À noter

La graine de Carotte est garnie de « poils » qui s'accrochent ; pour les séparer, il faut les frotter énergiquement (persillage) entre les mains ou sur un tamis.

Myrrhe odorante.

Céleri à graines.

Graines de Carotte « Blanche de Küttingen » très ancienne variété originaire de Suisse. (Daucus carota).

Dans les terres très lourdes ou infestées de rongeurs, mieux vaut arracher toutes les racines et les mettre en silo, en coupant ras le feuillage sans supprimer les bourgeons.

Inflorescence, fruit et fleur de Carotte.

ASTÉRACÉES (ex-Composées)

Les Astéracées sont partout dans le jardin :
• au potager avec des légumes variés : Artichaut et Cardon, Laitues et Chicorées, Salsifis et Scorsonère, Topinambour ;
• parmi les aromates : Estragon vrai, Camomille romaine (stériles), Absinthe, Balsamine (menthe-coq) et Tanaisie : toutes peuvent être reproduites simplement par multiplication végétative ;
• parmi les fleurs, dont elles constituent un groupe important : Achillée, Acrolinium, Ageratum, Anthémis, Arctotis, Aster, Catananche, Centaurée, Chrysanthème, Coréopsis, Cosmos, Dahlia, Dimorphotheca, Doronic, Echinops, Edelweiss, Erigeron, Gaillarde, Gazania, Gerbera, Helenium, Heliopsis, Immortelle, Liatris, Pâquerette, Pyrèthre, Reine-marguerite, Rhodanthe, Rudbeckia, Sanvitalia, Soleil, Solidago (Verge-d'or), Souci, Tagetes (Rose, Œillet d'Inde), Tithonia, Zinnia, etc.

Tanaisie.

Organisation florale et botanique

Les fleurs sont réunies en capitules ou « fleurs composées » qui peuvent comprendre de une (Echinops) à plus de mille fleurs (Helianthus). On peut assimiler un capitule à un épi surbaissé sur lequel les fleurs sont insérées en spires continues. L'ensemble représente une adaptation exceptionnelle à la pollinisation par les insectes. Comme, de plus, le pollen est souvent mûr avant l'ovule, cela donne une famille ***allogame***. La distance de sécurité entre deux variétés est de 300 mètres. ***Seule exception notable : les Laitues qui sont autogames.***

Cette extrême diversité requiert des conditions variées pour la culture des porte-graines.

Chicorée.

Différents types de culture

• Artichaut et Cardon

Quoi de plus éclatant que les fleurs de l'Artichaut et du Cardon ouvertes et visitées par de nombreux insectes ? Il suffit de laisser un bouquet fleurir et, pour les Cardons, de récolter les côtes comestibles en les coupant à 5 centimètres du sol afin de permettre au bourgeon central de monter à graines.

Fleur d'artichaut.

• Chicorée (Chicorium)

Les Chicorées sont très allogames, car le pollen est mûr avant que le stigmate soit réceptif.

Il en existe deux espèces : *Chicorium endiva* pour les Scaroles et les Frisées, et *Chicorium intybus* pour les Endives (Chicorée de Bruxelles) et les Chicorées « sauvages » : ces dernières peuvent se croiser avec les variétés sauvages. Selon les variétés, on fait hiverner les porte-graines en terre, pour les Chicorées sauvages, et sous châssis pour les Frisées et les Scaroles ; une fois les Endives récoltées, on met en silo quelques belles racines. L'ensemble est replanté en fin d'hiver à 60 centimètres d'écartement en tous sens, et tuteuré.

Les graines tombent facilement : il faut couper les tiges florales une à une lorsque les fleurs sont fanées et que les graines apparaissent, virant du vert au brun plus ou moins foncé.

Graines de Laitue pommée « Devil's tongue », Lactuca sativa.

Fleur de Laitue sauvage.

• Salsifis et Scorsonère

Les fleurs de Salsifis sont pourpre-violet, alors que celles de Scorsonère sont jaunes. Les racines passent l'hiver en terre.

Il faut cueillir les têtes une à une lorsqu'elles sont mûres, avant que la fleur fanée ne soit trop ouverte – ***le moindre vent emporte alors les graines*** – ou que les oiseaux ne les dégustent. Après séchage, on frotte les têtes sur un tamis sans les battre, pour éviter de casser les pointes des graines.

• Fleurs

Il y en a de toutes tailles et de toutes couleurs. Il est facile de les reproduire en mélange de couleurs, en ne cultivant qu'une variété par espèce, ce qui est le cas de la plupart d'entre elles. En revanche, il faut pratiquer la mise à l'écart des porte-graines pour reproduire une couleur précise par variété (voir p. 50 et suiv.).

Abeille sur fleur de Cosmos.

Les fleurs produisent des graines de taille très variable, puisque un gramme peut en contenir 10 (Soleil), 300 (Gaillarde), 1 000 (Aster)... et 6 400 pour les Pâquerettes ! On peut extraire et trier les graines les plus grosses sans problème. Mais lorsqu'elles sont très nombreuses (plus de un millier au gramme), cela devient plus compliqué (voir p. 66-69).

• Laitues

Les Laitues étant les seules ***autogames*** parmi les légumes de la famille, les porte-graines de plusieurs variétés d'entre elles peuvent voisiner. Pour maintenir la variabilité génétique, il faut plusieurs porte-graines par variété, dont on mélange les graines à la récolte. ***Quelques critères de sélection : pomaison, résistance à la montée, bord des feuilles ne noircissant pas trop vite.*** Il suffit de laisser un trognon assez important et comportant des bourgeons pour qu'il y ait assez de tiges florales (tuteurées). ***Les graines sont mûres lorsque le plumet qui les surmonte est bien visible.*** On coupe alors les tiges florales une à une, puis on les met à sécher sur des bâches, avant de les battre et de les trier.

Extrémité fleurie d'une tige de Laitue.

Pâquerette.

Chicorée pain de sucre montée.

BALSAMINACÉES

Cette famille comprend deux espèces décoratives : la balsamine (180 graines par gramme) et l'Impatiens (2 000 graines par gramme).

Impatiens.

Pratique

Lorsque les capsules commencent à jaunir, il faut les cueillir une à une le matin à la rosée, puis les faire sécher à l'ombre. On extrait les graines en frottant légèrement les capsules sur un tamis aux mailles adaptées à leur finesse.

Organisation florale et botanique

Elle appartient à l'ordre des Géraniales comme les Géraniacées, les Tropaeolacées, les Oxalidacées et les Linacées.

Caractéristiques de la famille

Les fruits sont des capsules charnues déhiscentes. Les graines mûres ont tendance à sauter hors des capsules et à se répandre sur le sol.

BORRAGINACÉES

Si la Bourrache (65 graines par gramme) et la Consoude sont alimentaires et médicinales, les autres espèces jardinées de la famille sont des plantes ornementales : Buglosse (32 graines par gramme), cynoglosse (200 graines par gramme), Echium (265 graines par gramme), Myosotis (1800 graines par gramme).

La Bourrache.

Organisation florale et botanique

C'est une famille homogène, à fleurs hermaphrodites régulières ; la fécondation est croisée, assurée par les insectes.

Caractéristiques de la famille

Avec leurs fruits secs, les graines tombent facilement et constituent une friandise appréciée des oiseaux.

Pratique

Si l'on attend que la dernière graine d'un pied de Bourrache soit mûre pour faire la récolte, on risque de n'en recueillir qu'une seule. Il faut donc ramasser les graines au fur et à mesure de leur maturation, le matin à la rosée.

Terminez de les sécher à l'ombre, puis battez les graines dans un sac et nettoyez au tamis.

La Consoude.

BRASSICACÉES (ex-Crucifères)

Composées essentiellement de légumes – avec tous les choux, navets et radis – cette famille comporte aussi quelques fleurs du jardin (Alysse, Arabis, Aubriète, Giroflée, Julienne de Mahon, Thlaspi).

Chou-rave.

Organisation florale et botanique

Ce sont, pour la plupart, des plantes de climat tempéré ou froid, craignant l'excès de chaleur et la sécheresse, ce qui rend la production de graines plus aléatoire sous climat chaud. Les légumes sont annuels ou bisannuels. Seules quelques fleurs sont vivaces.

Les fleurs sont hermaphrodites. Elles peuvent s'autoféconder, mais leur disposition ouverte entraîne l'allogamie dans presque tous les cas ; d'autant que la présence d'un nectar abondant attire les insectes. Les fruits sont des siliques, fruits secs en forme de gousse, s'ouvrant par quatre fentes de déhiscence.

Caractéristiques de la famille

L'espèce *Brassica oleracea* représente à elle seule une immense diversité de légumes répartis en plusieurs sous-espèces, et les limites de l'interfécondité ne sont pas toujours bien définies. Il faut donc garder une distance de 1000 mètres entre deux variétés ou pratiquer l'isolement des porte-graines. Dans de nombreuses régions, ***la tradition est de laisser fleurir les Choux*** (fourragers, de Bruxelles...) au printemps, pour consommer les jeunes tiges florales en salades. C'est une importante source d'hybridation.

La sélection a mis au point une extrême diversité d'espèces, sous-espèces, variétés, lignées dont on ne peut plus savoir lesquelles peuvent ou non s'hybrider entre elles. C'est pourquoi vigilance et isolement sont de règle.

En zone agricole, on surveillera la ***présence de cultures de Colza*** (pour les Navets, Rave, Rutabaga...), de Chou fourrager, etc. afin d'éviter les hybridations anarchiques.

Les variétés hybrides occupent de plus en plus de place dans les catalogues, en particulier pour les Choux, d'où l'intérêt de ***multiplier les variétés fixées.***

Sélection des porte-graines

Pour les légumes annuels, les principaux critères de sélection sont la résistance à la montée à graines et la qualité du légume (pomme, racine). Pour les bisannuels, on tiendra compte de la résistance au froid ou de la conservation hivernale. Les fleurs, elles, seront sélectionnées pour leur beauté et leur abondance.

Comme il est difficile de s'assurer que les porte-graines n'auront pas de voisinage indésirable, il vaut mieux les protéger sous voile non tissé (voir p. 54 et 61).

Navet en graines.

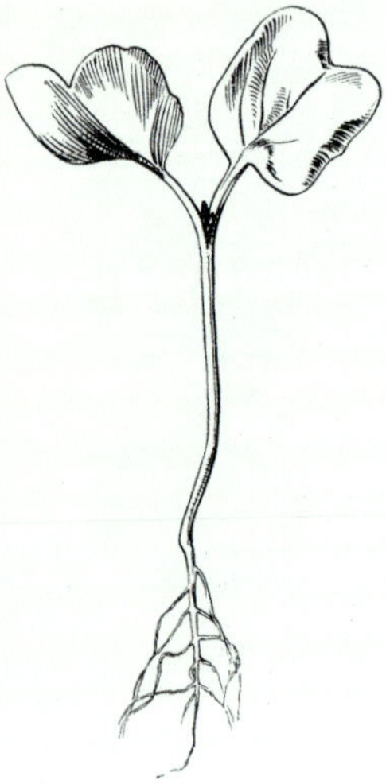

Germination du Radis.

Hivernage des porte-graines (voir Apiacées)

L'hivernage se fera de différentes façons selon les variétés et le climat :

- *en place :* dans les régions à faibles gelées, sur les terres assez filtrantes (sans risque de pourriture) et en l'absence de rongeurs ;
- *en silo :* c'est le cas le plus courant pour les racines ;
- *en jauge :* dans les régions froides, pour les Choux pommés.

Les racines seront tuteurées, au plus tard lorsque la tige florale apparaît. Dans les régions ventées, on procédera de même pour tous les Choux, car les tiges florales peuvent prendre un grand développement.

Floraison

Pour les racines, il faut laisser les pieds sélectionnés monter à graines. En revanche, pour les autres choux, il n'est pas nécessaire de « sacrifier » les porte-graines : ***on peut à la fois les récolter et les consommer,*** puis laisser fleurir ; il suffit que le pied garde assez de bourgeons pour émettre des tiges florales (voir p. 49).

- *Choux pommés* : on récolte en coupant la pomme 2 centimètres au-dessus du trognon.
- *Chou-fleur et Brocoli* : chacun des petits bouquets – groupés en une pomme chez le Chou-fleur ou séparés chez le Brocoli – donnera un bouquet de fleurs. ***Il suffit donc d'en laisser deux ou trois par pied et de consommer les autres.***
- *Chou de Bruxelles* : on laisse fleurir la pomme terminale et quelques petites pommes du bas.

Chou-fleur en fleur.

Ravageurs

Les oiseaux peuvent ravager en vingt-quatre heures le porte-graines le mieux fourni ! Ils sont d'autant plus voraces que les graines sont grosses ; aussi s'attaquent-ils d'abord aux Radis, puis aux Choux et aux Navets, et seulement ensuite aux fleurs. ***Une seule parade : les filets de protection*** ou la mise sous voile non tissé (voir p. 54).

Graines de Radis noir dévorées par les oiseaux malgré la protection.

Récolte

Les siliques ont tendance à s'ouvrir d'elles-mêmes pour disséminer leurs graines arrivées à maturité, surtout celles des Choux et des petites graines de fleurs, moins pour celles de Radis.

Il faut donc ***procéder à la récolte avant que les graines ne soient éparpillées***. Pour limiter les risques, on coupe délicatement les tiges à graines à la rosée du matin, lorsque les siliques sont passées du vert au jaune ou au brun, puis on les met tout de suite à sécher dans un endroit très ventilé, étalées sur des bâches.

Lorsque tout est bien sec, on fait éclater les siliques. Pour celles qui s'ouvrent facilement, on travaille doucement afin d'avoir le moins de déchets à trier. Pour les Radis, en revanche, il faut presque écraser les siliques pour parvenir à en extraire les graines.

La famille des Brassicacées	
Brassica oleracea	
B. o. acephala	Chou non pommé
B. o. botrytis	Chou-fleur
B. o. capitata	Chou pommé cabus
B. o. caulorapa	Chou-rave
B. o. gemmifera	Chou de Bruxelles
B. o. italica	Brocoli à jets
B. o. subauda	Chou pommé de Milan
B. napus	Navet, Rave, Chou-navet (rutabaga)
B. napus. oleracea	Colza
B. rapa pekinensis	Chou de Chine pe-tsaï
B. r. chinensis	Chou de Chine pak-choi
Raphanus sativus	Radis rose, violet... Raifort champêtre (de l'Ardèche)
R. niger	Radis noir
Eruca sativa	Roquette
Lepidium sativum	Cresson alénois
Nasurtium officinale	Cresson de fontaine
Sinapsis juncea	Moutarde de Chine
Crambe maritima	Crambe maritime
Lobularia maritima	Alysse odorante
Iberis sempervirens	Corbeille-d'argent
Aubrieta deltoida	Aubriète
Cheiranthus cheirii	Giroflée ravenelle
Matthiola annua	Giroflée quarantaine
Malcomia maritima	Julienne de Mahon

Raifort.

Radis noir rond en fleur.

Boutons floraux de Chou.

Giroflée.

CAMPANULACÉES

Les deux genres que l'on trouve au jardin sont très variés puisque l'on dénombre 230 espèces botaniques de Campanules (de 4 000 à 68 000 graines / g) et 200 de Lobelia (3 500 graines par gramme). La fécondation des fleurs hermaphrodites est assurée par les insectes attirés par le nectar : ils se chargent alors de pollen qu'ils véhiculent d'une fleur à l'autre.

Campanule gantelée.

Caractéristiques de la famille

Les fruits sont des capsules qu'il faut récolter lorsqu'elles changent de couleur. Il faut ensuite les faire sécher et les battre pour séparer les semences des déchets.

Comme il s'agit de graines très fines, le tamis ne peut retenir que les débris les plus grossiers, les graines et les petits déchets passant à travers. Il est difficile pour un amateur d'obtenir un nettoyage complet.

Racines comestibles de Campanule Raiponce, un ancien légume redécouvert...

CAPPARACÉES

Le Cléome (530 graines par gramme) est la plante ornementale la plus cultivée de cette famille proche des Brassicacées.

Plante allogame à fécondation croisée, elle porte un fruit qui est une silique à récolter comme celles des Brassicacées.

Jeunes plants de Cléome.

CARYOPHYLLACÉES

De nombreuses fleurs du jardin appartiennent à cette famille : Œillets des fleuristes (450 graines par gramme), de Chine (600 graines par gramme) et des poètes (800 graines par gramme), Cerastium (1900 graines par gramme), Lychnis coronaria ou Coquelourde (210 graines par gramme), Gypsophile (2000 graines par gramme), Lychnis (2600 graines par gramme), Sagine (48000 graines par gramme), Saponaire (450 graines par gramme), Silène (de 1200 à 9000 graines par gramme).

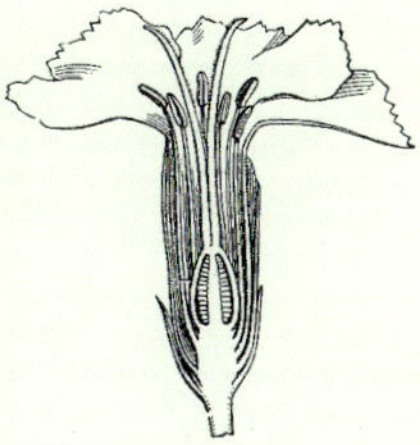

Œillet.

Caractéristiques de la famille

La présence de nectar à la base des étamines attire les insectes, qui assurent ainsi une fécondation croisée. Le fruit est une capsule à déhiscence apicale. Ce sont souvent des graines dures à nettoyer ; déchets et semences sont difficiles à séparer.

Récolte

- *Coquelourde* : on récolte les graines lorsque les capsules s'ouvrent, une fois arrivées à maturité.
- *Gypsophile* : la récolte intervient dès que le sommet des capsules amorce son ouverture et avant que les graines ne tombent à terre.
- *Œillet* : les fleurs terminales donnent naissance aux capsules ; pour les Œillets des fleuristes et de Chine, on cueille soigneusement les capsules une à une lorsqu'elles s'ouvrent au sommet, laissant apercevoir les graines noires. Pour les Œillets des poètes, on coupe les tiges le matin à la rosée, puis on les étale sur une bâche pour qu'elles sèchent. Dans tous les cas, on extrait les graines par brassage.
- *Silène* : on récolte dès que les capsules sont prêtes à s'ouvrir, en coupant les tiges, que l'on fait sécher à l'ombre, puis on les bat dans un sac ou on les frotte sur le tamis, avant de séparer par tamisage les semences des déchets.

Saponaire.

CHÉNOPODIACÉES

C'est une petite famille bien présente au potager avec l'Épinard, les Bettes (poirée, carde), les Betteraves et l'Arroche ; au jardin d'agrément avec la Kochia.

Organisation florale et botanique

Les Chénopodiacées sont des plantes ***allogames***, annuelles (Arroche, Épinard) ou bisannuelles (Bette, Betterave).

Pour éviter les hybridations indésirables, il est recommandé de surveiller la présence d'autres plantes de la même espèce, surtout pour *Beta vulgaris* qui groupe Poirée, Betteraves (potagères, sucrières, fourragères). Pour les Épinards, on évitera de mélanger les nombreuses variétés hybrides.

Arroche.

Sélection des porte-graines

Les montées à graines indésirables seront supprimées : celles que peuvent offrir les bisannuelles la première année, et la montaison prématurée des annuelles. C'est un critère important de sélection.

Pour maintenir la variabilité génétique, comptez de trois à cinq pieds de porte-graines par variété pour les bisannuelles.

- *Épinards*

Les épinards sont dioïques ; les pieds mâles fleurissent les premiers : quand on les tapote, ils émettent de petits nuages de pollen.

Épinard.

Les pieds femelles sont plus ramassés. Il faut attendre l'apparition des fleurs pour les distinguer, ce qui oblige à laisser monter à graines une grande quantité de plants. On marque les pieds femelles choisis comme porte-graines pour pouvoir récolter les feuilles des autres, puis les supprimer.

- *Betteraves*

Plantes bisannuelles craignant les gelées, les betteraves seront récoltées à l'automne et conservées en cave froide, bien entourées de paille, avec éventuellement du grillage pour les protéger contre les rongeurs.

On choisira comme porte-graines des racines moyennes, régulières, bien denses, sans taches noires, ni fentes, ni départ de racines sur la partie consommable, et restées bien fermes tout l'hiver.

Comme la racine pivot est petite, la reprise n'est pas assurée à 100 %, et la végétation florale a parfois du mal à se former, surtout sur de grosses racines. Il faut arroser abondamment et régulièrement à la replantation, le temps qu'un nouveau système racinaire se forme.

- *Bettes*

En climat froid ou trop humide, on peut arracher les pieds choisis comme porte-graines et, après avoir raccourci le feuillage, les mettre sous châssis. La replantation se fait au printemps, à 60 centimètres d'écartement, distance nécessaire en raison du grand développement de la floraison.

Le tuteurage est indispensable, surtout pour des floraisons qui peuvent dépasser un mètre et se coucher au moindre coup de vent. Pour ne pas étouffer la végétation, il est préférable de mettre trois tuteurs autour des pieds, avec des ficelles lâches pour les maintenir debout.
Les graines se disséminent très facilement : il faut les couper délicatement lorsque tiges et graines brunissent. Dans tous les cas, il est fondamental d'assurer, après la récolte, un séchage parfait.
L'extraction peut se faire à la main, avec une bonne paire de gants de jardin en peau épaisse. On commence par frotter fortement les inflorescences entre les deux mains pour séparer les graines de leur enveloppe et de la tige florale, et ce jusqu'à ce que les enveloppes paraissent vides. Les déchets les plus grossiers seront retirés à la main.
La dernière phase du ***tri*** consiste à ne laisser que les graines ; elle peut se faire au tamis, après la récolte ou juste avant la période des semailles.

Bettes vertes et rouges.

Bettes rouges en fleur.

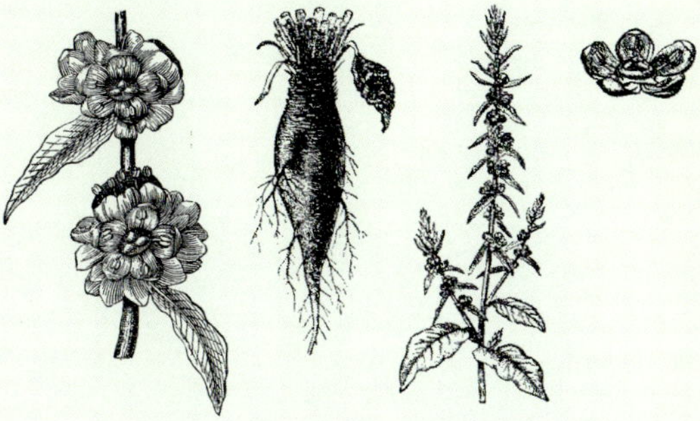

Betterave : fleurs, racine, tige fleurie et fleur isolée.

Graines d'Arroche blonde.

CUCURBITACÉES

Les Cucurbitacées forment une famille paradoxale, avec peu d'espèces... mais un nombre impressionnant de variétés, marquées par :

• une multiplication des hybrides pour les légumes courants : Courgette, Concombre, Cornichon, Melon ;

• l'existence d'un grand nombre de variétés anciennes locales.

Le genre le plus varié est celui des Cucurbita. Le tableau page suivante groupe quelques clés d'identification permettant de déterminer à quelle espèce se rattache une variété que l'on souhaite multiplier.

Le genre Cucumis est aussi très cultivé, avec *C. sativus* (Concombre, Cornichon) et C. Melo (melon) ; de même que *Citrullus vulgaris* (Pastèque).

Cette famille comporte d'autres genres et espèces cultivés à travers le monde. Sous nos climats, on rencontre aussi *Cucurbita ficifolia* et *mixta, Lagenaria* (Gourdes), *Luffa* (Éponge végétale).

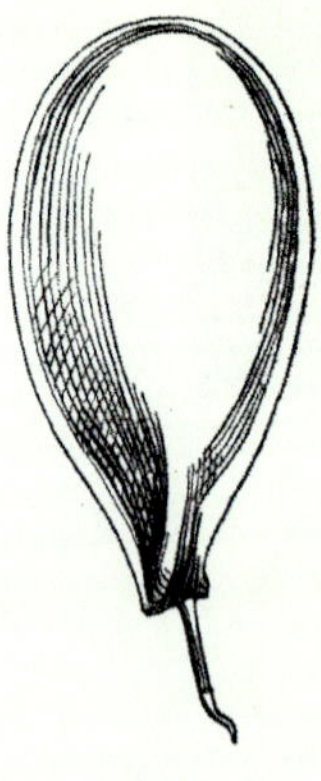

Graine de Potiron.

Cornichon, fleurs fécondées.

Organisation florale et botanique

Les plantes de cette famille sont ***unisexuées et monoïques*** : chaque pied porte des fleurs femelles et des fleurs mâles séparées, ces dernières apparaissant avant les fleurs femelles. À la base de la fleur femelle se situe l'ovule qui est le modèle réduit, en vert, du fruit.

Culture

Les Cucurbitacées sont très visitées par les insectes pollinisateurs et ***les hybridations se font très facilement entre variétés d'une même espèce***. Il faut veiller à maintenir une distance de 300 mètres environ (en terrain sans obstacles) entre deux variétés. Si ce n'est pas possible, il faut pratiquer la ***fécondation manuelle*** après avoir protégé sous voile les fleurs femelles (voir p. 57).

Par rapport à la culture normale, la seule différence avec une culture destinée à produire des graines est donc le stade de récolte, les fruits étant laissés sur pied le plus longtemps possible, jusqu'à ce qu'ils commencent à se décolorer pour ceux habituellement récoltés jeunes (Courgette, Concombre, Cornichon...).

Porte-graines et sélection

Pour les Cucurbitacées à petits fruits cueillis d'habitude avant formation et maturation des graines (Courgette, Concombre, Cornichon, Pâtisson), les pieds choisis comme porte-graines sont moins productifs : le fait de laisser grossir et mûrir les fruits retarde et limite la formation d'autres fruits sur le même pied. On ne laissera pas mûrir plus de fruits que le strict nécessaire et, après la récolte, on ne gardera que les graines des plus beaux fruits.

Pour éviter de cueillir trop tôt un fruit sélectionné pour la production de graines, on peut marquer les fruits retenus en ***nouant un brin de laine*** de couleur vive autour des pédoncules au moment du choix.

Pour les variétés cueillies avec des graines bien formées (Melon, Potiron, Courge, Pastèque), la récolte concerne tous les fruits : c'est donc au stade de la consommation que s'effectue le choix des graines des plus beaux fruits (Melon joli et Savoureux, Potiron qui s'est conservé longtemps). Si l'on a récolté les graines de plusieurs beaux fruits, on peut les mélanger, ***ce qui augmentera la variabilité génétique.***

Identification des Cucurbita

	Cucurbita pepo	*Cucurbita maxima*	*Cucurbita moschata*
Pédoncule	très dur à maturité, 5 grosses côtes ne s'élargissant pas au point d'attache	semble s'étendre sur le fruit	cylindrique sans côte beaucoup plus gros que la tige, 5 grosses côtes élargies au point d'attache sur le fruit
Feuilles	divisées en lobes très accentués	grandes en forme de cœur	vert foncé, marbrées de blanc, découpées en 5 lobes arrondis
Tiges	rudes, anguleuses	rudes, couvertes de poils	poils non piquants, veloutés
Fleurs	jaunes les pièces du calices sont soudées	jaunes mâles : long pédoncules femelles : calice soudé et rétréci vers le haut	jaunes les pièces du calice sont presque divisées jusqu'aux sépales
Graines	bordées d'un liseré plus clair, de 8 à 10 / g	lisses, environ 3 g	pelliculeuses, blanc sale
Variétés	courgette, pâtisson, spaghetti végétal, courge à graines nues, citrouilles (de Touraine...), coloquintes	potiron, courge brodée, courge de Hubbard, giraumon, potimarron, buttercup	courge musquée (de Provence...), butternut, sucrine

Récolte et prélèvement des graines

La récolte se fait le plus tard possible, mais avant les gelées et avant que le fruit ne commence à s'abîmer. Dans tous les cas, on les laisse mûrir sur des claies (ou des cageots) à l'ombre, dans un endroit bien aéré, et l'on ne prélève les graines que lorsque les fruits commencent à se gâter – ou pendant l'hiver pour les variétés de conservation (Potirons...).

Pour les fruits à chair aqueuse (Cucumis), plus le fruit est mûr, plus il devient liquide ; à la limite, la pulpe se transforme en bouillie ; les graines se détachent alors très facilement de la pulpe. On les lave soigneusement, puis on les fait sécher.

Pour les fruits à chair ferme, plus fibreuse (Cucurbita), il faudra séparer les graines de la pulpe.

Dans tous les cas, on profitera du nettoyage à grande eau pour éliminer les graines vides (ovules non fécondés) : non seulement leur consistance est creuse – on s'en aperçoit quand on les regarde ou qu'on les presse entre le pouce et l'index –, mais elles flottent dans la bassine. Le lavage doit être rapide et immédiatement suivi d'un essuyage des graines et du séchage : on évite ainsi toute germination prématurée.

Courgette.

La famille des Cucurbitacées comprend 85 genres et 650 espèces, la plupart originaires des pays chauds. Parmi elles, on peut trouver dans nos jardins :

famille	genre	espèces	sous-espèce cultivée
cucurbitacées	Cucurbita	pepo	Courgette, Pâtisson, Citrouilles (de Touraine,...), Courges à graines nues, Courge spaghetti, « Jack'O Lantern »
		maxima	Potiron, Courge brodée, Courge de Hubbard, Giraumon, Potimarron, rouge vif d'Étampes, bronzé de Monthléry, jaune gros de Paris, bleu de Hongrie
		moschata	Courge musquée, Butternut, Sucrine
		mixta	Courges mexicaines
		ficifolia	Courge du Siam
	Cucumis	sativus	Concombre, Cornichon
		melo	Melon
	Citrullus	colocynthis	Coloquintes
		vulgaris	Pastèques
	Lagenaria	vulgaris	Gourdes
	Sechium	edule	Chayotte, Chouchoute
	Luffa	cylindrica	Courge éponge
	Benincasa		Calebasse

Graines de Gourde Calebasse.

Devinette : est-il vrai que si l'on cultive côte à côte Melon et Courge, les Melons auront un gôut de Courges ?

Non, c'est faux : si les Melons manquent de goût, c'est une question de climat (manque de soleil), de culture (fertilisation et irrigation),de récolte avant maturité (manque de sucre)... Les Courges voisines n'y sont pour rien.
Quant au risque d'hybridation entre un Melon (genre cucumis) et une Courge (genre cucurbita), il est quasi nul. En revanche, la proximité génétique est plus grande entre Melon (*Cucumis melo*) et Cornichon-Concombre (*Cucumis sativa*), même si le risque de fécondation inter espèces est très faible.

Germination d'un Potiron.

Pâtisson panaché.

DIPSICACÉES

Cette famille, proche des Astéracées, comprend la Scabieuse (170 graines par gramme). Le fruit est un akène enveloppé et surmonté des restes du calice.

On cueille les têtes une à une lorsque, après la chute des pétales, elles brunissent ou blondissent selon les variétés.
Après séchage, on les bat vigoureusement dans un sac, opération qui peut être pénible, avant de les nettoyer au tamis.

Cardère.

EUPHORBIACÉES

Figurent dans cette famille deux genres à grosses graines faciles à récolter : les Euphorbes (de 24 à 60 graines par gramme) et les Ricins (2 graines par gramme).

Ricin sanguin.

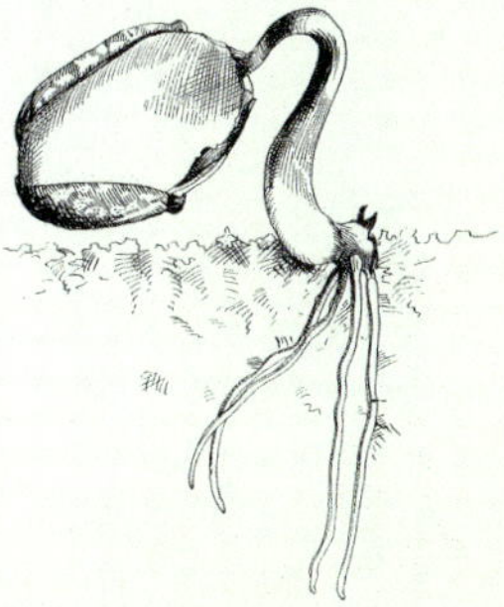

Germination d'une graine de Ricin.

Chez **le Ricin**, somptueuse plante ornementale, les fleurs sont ***monoïques***, et le fruit est un tricoque à déhiscence multiple. On le récolte lorsqu'il est brun-noir, signe de maturité.
Les Euphorbes ont une inflorescence très particulière, le cyanthium, constitué non par des fleurs bisexuées, mais par des inflorescences bisexuées à fleurs inférieures mâles et fleurs terminales femelles. La fécondation croisée est assurée par le vent ou par les insectes. On récolte les fruits sur pied lorsqu'ils sont secs et on en extrait les graines.

Euphorbe épurge.

GRAMINÉES

À part le Maïs, qui porte des fleurs mâles et des fleurs femelles, c'est une famille très homogène. Les Céréales – Graminées alimentaires – ont de gros épis, alors que les espèces fourragères ont des semences fines.
La sélection a fait émerger des variétés ornementales souvent spectaculaires, que l'on fait pousser en touffes et qui ornent les bouquets secs : *Briza maxima* (Amourette) ou *minor* (Tremblette), aux épillets en forme de cœur, *Bromus* (Bromes), *Cortaderia* (Gynerium ou Herbe de la pampa), Fétuques, *Hordeum unioloides* (Orge à crinière), *Lagurus ovatus* (Gros Minet), *Panicum miliaceum* (Panis violet), *Pennisetum, Setaria*, Sorgho, *Triticum*, etc.

Graines d'Avoine.

Épis de Seigle.

Organisation florale et botanique

Les inflorescences sont constituées d'épillets à fleurs bisexuées nues, donnant des fruits secs (caryopse).
Le pollen est mûr avant les organes femelles et la fécondation croisée est anémophile – le pollen est transporté par le vent. L'organisation florale est adaptée au vent : grandes inflorescences terminales à l'extrémité des tiges que le vent secoue, étamines pendantes hors de la fleur, grands stigmates plumeux étalés pour la collecte du pollen, absence de tout appareil d'attraction pour les insectes. Il n'y a guère que l'Orge et des Blés cultivés qui sont autogames.

Récolte

Si la récolte pour la confection des bouquets secs se fait lorsque les épis sont complètement développés, mais avant que les fleurs ne s'ouvrent totalement, la récolte pour la production des semences s'effectue plus tard, lorsque les graines sont formées et se mettent à mûrir. On cueille les épis lorsqu'ils commencent à sécher, puis on les suspend, dans un local bien ventilé, la tête en bas, à faible hauteur pour ne pas éparpiller les graines, afin qu'ils achèvent de sécher. On frotte enfin les épis secs entre les mains pour en extraire les graines.

Fleurs mâles de Maïs.

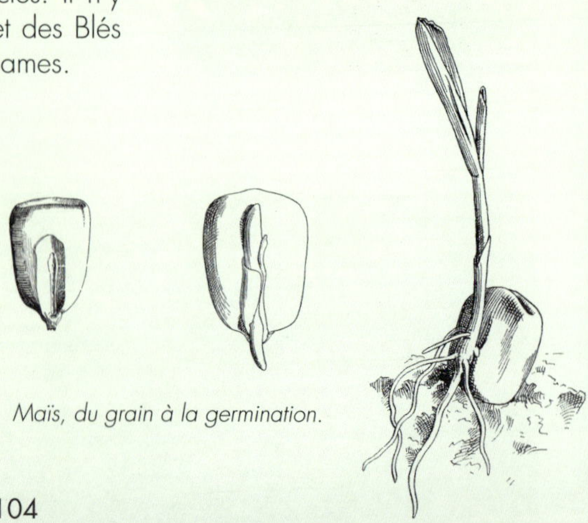

Maïs, du grain à la germination.

LAMIACÉES (ex-Labiées)

Un seul légume, le Crosne du Japon, figure dans cette famille ; peu cultivé au demeurant ; il est par ailleurs multiplié par tubercule.
C'est en revanche la famille phare des aromates, caractéristique de la flore méditerranéenne et tempérée. Quelques fleurs de cette famille appartiennent parfois à des genres aromatiques : Coleus, Molucella, Monarde, *Nepeta, Perilla, Phytostegia*, Sauges. Plus ou moins parfumées, la majorité d'entre elles contiennent des principes médicinaux : Basilics, Ballote fétide, Calament, Hysope, Lavandes, Marjolaine, Marrube, Mélisse citronnelle, Menthes, Origan, Ortie, Romarin, Sarriettes (annuelle et vivace), Sauges, Serpolet, Thyms (commun, citron).

Hysope.

Organisation florale et botanique

Les deux principaux signes distinctifs de la famille sont une tige quadrangulaire et une fleur à grosse lèvre inférieure (« labiée »). La plupart des genres sont très diversifiés : on dénombre jusqu'à 500 espèces de Sauge et près de 140 types de Menthe rien que pour la France. Les Lamiacées sont allogames, caractère renforcé par leur richesse en essence qui en fait des plantes mellifères recherchées par les insectes pollinisateurs. Elles ont même mis au point des dispositifs empêchant l'autopollinisation. Mis à part les Basilics et la Sarriette annuelle, elles sont vivaces.

Caractéristiques de la famille

Les espèces qui se plaisent à l'ombre passent l'hiver à l'état de racines (Menthes) ou de rosettes (Mélisse). Les espèces qui ont besoin de soleil, plantes typiques des garrigues, sont des arbrisseaux à feuillage persistant.
La multiplication végétative est courante : stolons ou marcottes à l'état naturel, boutures ou fragmentation de touffes en culture. Elle est utilisée pour reproduire le plus fidèlement possible les pieds mères. Les Menthes donnent des graines dont les résultats sont très hétérogènes au semis : seule la multiplication végétative assure une reproduction fidèle des caractères. Pour les autres Lamiacées vivaces, on récolte les sommités fleuries lorsque les fleurs sont fanées et commencent à sécher, le plus tard possible.

Serpolet.

Cultivées ou sauvages, les plantes aromatiques sont restées proches du type originel et présentent souvent des dormances fortes et des levées assez longues (voir p. 74). Les espèces généralement multipliées par semis ou à petites graines (Thym, Sarriette, Marjolaine), germent plus facilement que celles habituellement multipliées par boutures ou à grosses graines (Lavande, Romarin, Hysope). En cas de levée difficile, il faut appliquer les techniques indiquées pour les levées de dormance : stratification, passage au congélateur, etc. Nombre d'entre elles, à l'exemple de la Lavande, présentent des dormances successives : après semis, quelques graines vont lever dans un premier temps ; si le semis est de nouveau soumis à une période de froid, d'autres graines vont germer, et ainsi de suite.

Feuilles et fleurs de Romarin.

Menthe à feuilles longues.

Lamier blanc.

Lavande.

Les annuelles et les fleurs cultivées germent moins difficilement.

Pour éviter les hybridations entre variétés, on utilise la ***technique d'isolation-fécondation*** mise au point par le Conservatoire des plantes aromatiques de Milly-la-Forêt pour les Basilics (voir p. 55).

Si l'on souhaite acclimater dans son jardin des plantes sauvages, il vaut mieux le faire en récoltant des graines plutôt qu'en arrachant des pieds : le résultat est bien meilleur.

Une fois la récolte terminée, on fait soigneusement sécher les sommités fleuries ; on réalise l'extraction en les frottant entre deux gants ou sur un tamis, puis en éliminant un maximum de déchets. Les graines les plus fines (Sarriette, Marjolaine) doivent être à peine recouvertes au semis.

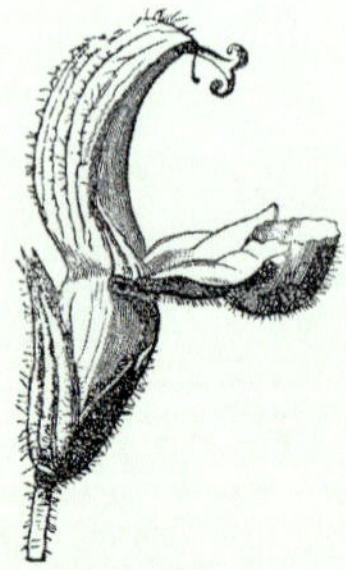

Fleur de Sauge.

Calices protégeant les graines de Sauge.

LAURACÉES

Le Laurier-sauce (*Laurus nobilis*) est un arbre résistant au froid, à fleurs bisexuées régulières et complètes, donnant des baies charnues que l'on récolte avant qu'elles ne sèchent, lorsqu'elles virent au brun-noir. Les autres lauriers appartiennent à des familles différentes : Rosacées pour le Laurier-cerise (*Prunus laurocerasus*) ; Apocynacées pour le Laurier-rose (*Nerium oleander*) ; Caprifoliacées pour le Laurier-tin (*Viburnum tinus*, Viorne).

Pour assurer la germination, il faut un double décorticage, précédé d'un trempage de douze à vingt-quatre heures. On enlève d'abord la chair, puis la fine cuticule marron afin de dégager la graine blonde ; ensuite la levée se fait attendre plusieurs semaines, le semis étant maintenu à 18-20 °C.

Fleurs de Laurier-sauce.

LÉGUMINEUSES (sous-famille des Fabacées)

La plupart de celles que nous cultivons au jardin sont annuelles ; seuls certains des engrais verts (Luzerne, Trèfle) et certaines fleurs (Lupins, Pois vivace) sont vivaces. C'est une famille importante dans nos jardins puisque ces plantes, en fixant l'azote de l'air par les nodosités de leurs racines, enrichissent le sol, et que leurs graines sont d'une richesse alimentaire exceptionnelle. Un nombre limité d'espèces de cette famille sont cultivées sous nos climats.
Une bonne partie des graines de Haricots actuellement commercialisées sont produites dans des pays exempts de certains problèmes sanitaires, comme la Tanzanie où l'on ne connaît pas l'anthracnose... On peut s'interroger sur l'évolution de ces souches nouvelles. Importées d'Amérique à la Renaissance, nos variétés locales se sont adaptées au cours des siècles. Aussi est-il important de continuer à les multiplier dans leurs terroirs.

Culture des porte-graines et sélection

S'agissant de plantes autogames cultivées pour leurs fleurs ou pour leurs fruits, la culture des porte-graines ne présente pas de difficultés particulières ; il faut procéder comme d'habitude. Par sécurité, il vaut mieux garder une distance de 3 à 4 mètres entre deux variétés. Pour que les graines aient le temps d'arriver à maturité, il faut les récolter sur des semis faits à la mi-juin au plus tard.

Haricot nain « Jacob's cattle ».

On éliminera tous les pieds anormaux et, en particulier, ceux porteurs de viroses, aux feuilles tordues, ou présentant des taches et des colorations douteuses.

Il faut rapidement et clairement identifier les pieds porte-graines, afin de ne pas les récolter malencontreusement. Pour cela, on délimite les lignes, morceaux de lignes ou pieds concernés par des piquets marqués de fils de couleur ; on peut aussi tendre des fils sur ou autour des pieds choisis. Pour les variétés grimpantes dont les pieds s'entremêlent, on peut même faire un semis à part, tuteuré spécialement, pour la récolte des graines. Le système de tuteurage en trépied qui réunit trois poquets est tout indiqué pour cela.

La variabilité génétique entraîne de temps en temps l'apparition dans une même souche homogène de pieds ou de gousses différents. Il faut donc surveiller et éliminer les pieds non conformes : par exemple, une gousse jaune marbrée ou maculée de vert dans une variété de Haricot beurre (jaune) ; pour les variétés mangetout ou à filet (Pois, Haricots), il est bon de vérifier, en prélevant quelques gousses au hasard, que la sélection a le moins de fils possible.

Parasites

- *Pucerons*

Ils sont l'ennemi numéro un des Légumineuses, et leur vitesse de reproduction peut les rendre insupportables en fin de culture, et donc au stade qui nous intéresse. Si le pincement des tiges limite la pullulation des pucerons sur les Fèves, il ne peut guère se pratiquer sur les autres espèces. Pour freiner l'accroissement des colonies de pucerons, il faut d'abord maintenir des conditions de culture régulières, en particulier en ce qui concerne

l'arrosage ; binage et paillage aident les plantes à bien se développer. Des pulvérisations d'infusion de feuilles de Tanaisie ou d'Absinthe ont un effet dissuasif ; on peut également utiliser des poudres d'algues calcaires (lithothamme) ou des poudres de roches très fines (basalte ou zéolithe, tamis 400). Comme traitement d'attaque, on utilise un insecticide à base de roténone et de pyrèthre, voire un produit chimique.
La résistance aux pucerons est un critère de sélection : en choisissant les graines sur les pieds les plus résistants, on peut arriver, localement, à faire émerger des souches adaptées à l'écosystème et au microclimat, presque à l'échelle de chaque jardin.

- *Bruches des Légumineuses*

Les bruches sont de petits coléoptères qui pondent sur les gousses juste formées et dont les larves se développent dans les grains. La plus commune est la bruche du Haricot, dont il peut naître une seconde génération lors du stockage des graines. Il faut commencer par éliminer dès la récolte les grains attaqués en les brûlant (évitez de les jeter sur le tas de compost) et conserver les graines dans des récipients hermétiques, avec un ou deux caïeux d'Ail non épluchés.

Récolte, tri et stockage

Le fruit est une gousse renfermant les graines. C'est lorsque les gousses prennent un aspect parcheminé, de brun à noir selon les espèces, que les graines sont mûres.
On récolte l'ensemble des pieds choisis par arrachage, puis on les fait sécher – suspendus en bottes ou étalés – dans un endroit très ventilé et bien sec. Lorsque toute la plante est sèche, on peut écosser les gousses en surveillant les bruches. Pour tuer les coléoptères dans l'œuf, avant qu'ils ne se propagent de graine en graine, il faut mettre les grains bien secs dans un bocal hermétiquement clos que l'on place pendant deux jours au congélateur.

Haricot beurre.

Haricot « Scarlet runner ».

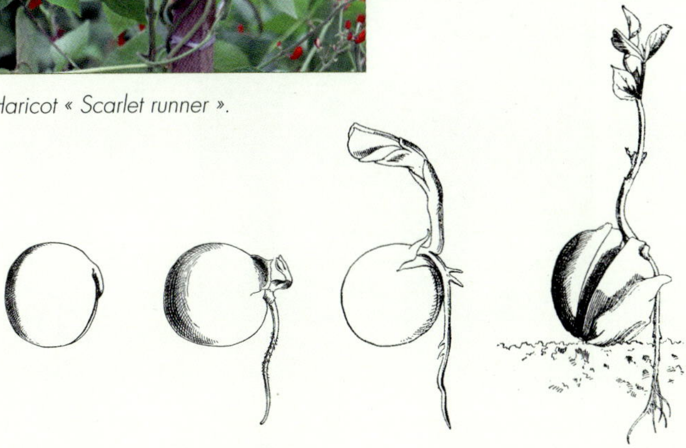

Germination du Pois.

LILIACÉES

Deux genres très différents : *Allium* et *Asparagus*. Le genre *Allium* regroupe la plupart des espèces cultivées, bulbes légumiers ou décoratifs : *A. sativum* (Ail), *A. ascalonicum* (Échalote), *A. fistulosum* (ciboule), *A. schoenoprasum* (Ciboulette), *A. cepa* (Oignon), *A. porrum* (Poireau), plus la Ciboule chinoise (Ciboulail) et des variétés exotiques.

Graines de Poireau « bleu de Solaize », Allium Porrum

Inflorescence de Poireau.

Organisation florale et botanique

Les *Allium* sont ***allogames***, à fleurs hermaphrodites. La fleur est une fausse ombelle : elle réunit de nombreuses fleurs situées au bout de longs pédoncules, enfermées dans une enveloppe membraneuse (« capuchon pointu ») qui s'ouvre, et qui forment des boules blanches à rose violacé. Lorsque les pétales colorés sèchent, les capsules s'ouvrent et les graines sortent facilement ; la récolte doit intervenir au bon moment : ni trop tôt (graines immatures) ni trop tard (éparpillement des graines). Pour déterminer le degré de maturité des graines, on peut en prélever quelques-unes sur une boule de fleurs et essayer de les écraser entre deux ongles : si elles sont dures, on peut récolter ; si elles éclatent (stade laiteux, intérieur mou), il faut attendre encore un peu.

Les graines sont anguleuses, ridées, noires ou grises, de faculté germinative assez faible (70 % au maximum) et de durée germinative courte (un ou deux ans). Il faut les renouveler tous les ans.

Culture et sélection

La production de graines se fait la deuxième année de culture sur une seule variété de la même espèce fleurissant en même temps dans un rayon de 300 mètres.

Le choix des porte-graines se fait lors de la récolte du légume. La sélection porte sur la conservation (Oignons), la résistance au froid (Poireaux d'hiver) ou à la montée à graines (Poireaux d'été).

Récolte

Lorsque la tige florale et la fleur brunissent, le moment de la récolte approche, les graines deviennent visibles. Si le temps est chaud et sec, les graines tombent facilement (les fleurs séchant rapidement).

Pour récolter, il faut couper les fleurs avec un bout de tige, puis les laisser sécher dans un endroit ombragé, sec et très aéré, sur le sol ou près du sol, étalées dans des cageots ou sur des tissus, et non en bouquets suspendus en hauteur. ***Les graines d'Allium se conservent mieux dans leurs enveloppes. Il faut les battre le plus tard possible, au tamis (voir p. 68).***

Cas particuliers

• L'Oignon

Lors de la récolte des Oignons de conservation, on mettra les bulbes les plus jolis de côté, puis on éliminera au fur et à mesure durant l'hiver (en les consommant) ceux qui pourraient s'abîmer ou germer et l'on sélectionnera ceux qui se sont bien conservés et qui n'ont pas encore germé.

À la fin de l'hiver (fin février-début mars), on les replante à 40 centimètres en tous sens avec un tuteur (1 mètre).

• **Le Poireau**

Au fur et à mesure de la récolte en vue de la consommation, on sélectionne les plus beaux Poireaux, qui seront marqués à l'aide d'un fil de couleur. Pour les variétés d'été, on choisira ceux qui montent à graines les derniers. Pour les variétés

Poireaux montés.

d'automne, qui craignent les grands froids, on retiendra avant les gelées de beaux pieds qui hiverneront à l'abri. Pour les variétés d'hiver enfin, on gardera ceux qui ont le mieux résisté au froid.

En février-mars, les pieds porte-graines seront replantés de la même manière que pour les Oignons.

• **L'Asperge** (*Asparagus*)

L'asperge est dioïque : certains

pieds portent des fleurs mâles, d'autres des fleurs femelles.

La première année, lors de la floraison, on marque distinctement les pieds de chaque sexe, en utilisant des brins de laine de couleurs différentes. Les pieds femelles portent des baies rouges à l'automne.

La seconde année, on laisse monter quelques jolis turions mâles et femelles, que l'on tuteure. Pour une belle floraison, il faut pincer le bout des tiges florales. Les plus grosses baies seront récoltées à maturité – vers novembre – quand elles seront bien rouges. On les écrase à la main pour faire sortir les graines, on les lave aussitôt et on les laisse sécher à l'ombre.

Ciboulette.

Oignons à graines.

LINACÉES

Le Lin (320 graines par gramme) a des fleurs bisexuées.

Son fruit est une capsule. On récolte les graines lorsque les capsules virent du jaune au brun et que l'égrenage commence à se produire. On coupe des bouquets de fleurs que l'on fait sécher sur des claies ou des bâches.

Pour le battage, on procède par friction entre les mains gantées ou dans un sac, avant nettoyage au tamis.

MALVACÉES

Cette famille, qui regroupe Lavatère (185 graines par gramme), Malope (310 graines par gramme) et Rose trémière (100 à 150 graines par gramme), est un vrai bouquet de fleurs rustiques.

Mauve.

Rameau de Cotonnier portant des fleurs et des fruits.

Rose trémière.

La fécondation croisée est assurée par les insectes consommateurs de nectar. Le fruit réunit des graines autour de l'axe floral.

On récolte les graines sur pied après dessèchement complet. Les Roses trémières peuvent donner des pieds très variables ; c'est pourquoi l'on s'efforcera de sélectionner soigneusement les plants sur lesquels on récoltera les graines, sinon la dégénérescence peut être rapide.

PAPAVÉRACÉES

Coquelicot et Pavot (6000 graines par gramme), *Eschscholzia* (640 graines par gramme) et *Hunemania* (250 graines par gramme) font partie de cette famille.

Organisation florale et botanique

Les Papavéracées ont toutes des fleurs très typées, avec leurs touffes d'étamines chargées qui attirent les insectes polliniphages, assurant ainsi la fécondation croisée.

Si le fruit de la Chélidoine est un silique, ceux des autres membres de la famille sont des capsules sèches.

Quelques plantes

• *Eschscholzia*

L'Eschscholzia ou Pavot de Californie est une vivace de courte vie, généralement cultivée comme une annuelle. Résistante à la sécheresse, elle porte de jolies fleurs de Pavot, d'un jaune orangé.

Les capsules s'ouvrent par des fentes ; il faut les récolter avant leur ouverture spontanée, lorsqu'elles s'ouvrent par la pointe, et les étaler pour qu'elles achèvent de sécher. Pour extraire les graines, on les bat dans un sac.

• *Coquelicot et Pavot*

Il faut récolter les graines lorsque les capsules sont sèches et s'ouvrent à leur partie supérieure ; elles ont alors l'aspect d'une lanterne. Les capsules sont de taille très variable. Chez les plus grosses, les graines sortent toutes seules : il faut donc les ramasser une à une délicatement, les faire sécher à plat, puis les secouer une à une ; on obtient ainsi des graines propres.

Certaines capsules ont de petites ouvertures par lesquelles toutes les graines n'arrivent pas à s'échapper : il faut alors, une fois qu'elles sont bien sèches, les battre dans un sac, puis les nettoyer au tamis.

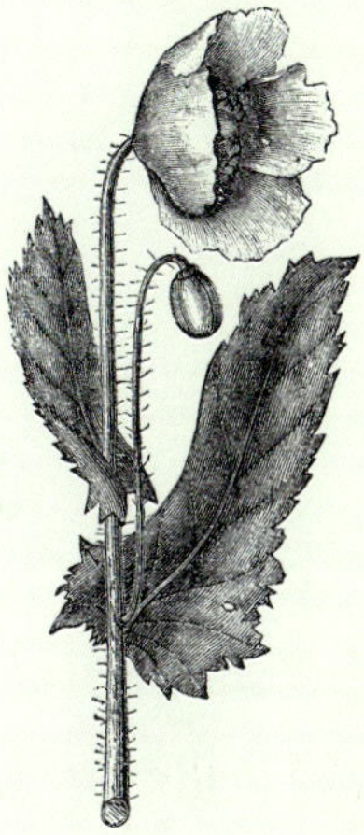

Coquelicot.

Coquelicot.

Capsule de Pavot.

POLYGONACÉES

Deux plantes de saveur du potager appartiennent à cette famille : l'Oseille (Rumex, 450 graines par gramme) et la Rhubarbe (Rheum, 50 graines par gramme).

Organisation florale et botanique

Oseille et Rhubarbe ont des fleurs hermaphrodites en panicules ; la fécondation croisée est anémophile (Rumex) ou entomophile (Rheum).

Pratique

Généralement, sauf pour la récolte ou pour l'effet décoratif produit par les grandes panicules de graines, on ne laisse pas la rhubarbe monter à graines, car cela épuise la racine et l'empêche de stocker des réserves. On récolte les panicules lorsque les graines deviennent brunes ou noires. Après séchage, on les frotte entre les mains gantées, puis on nettoie au tamis.

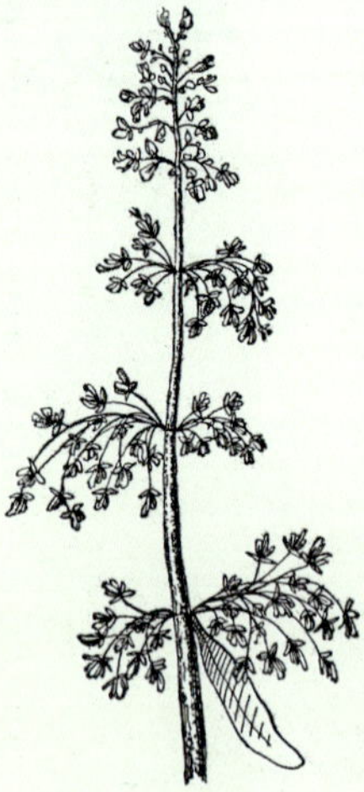

Oseille.

Oseille rouge.

Rhubarbe.

Rhubarbe.

RENONCULACÉES

Les Renonculacées fournissent quelques fleurs simples et familières de nos jardins : Aconit (300 graines par gramme), Adonide (100 graines par gramme), Ancolie (600 graines par gramme), Anémone (1 200 graines par gramme), Eranthis, Delphinium (Pied-d'alouette, 500 graines par gramme), Hellébore (150 graines par gramme), Hépatique, Nigelle (420 graines par gramme), Renoncule (2300 graines par gramme), Trollius (810 graines par gramme).

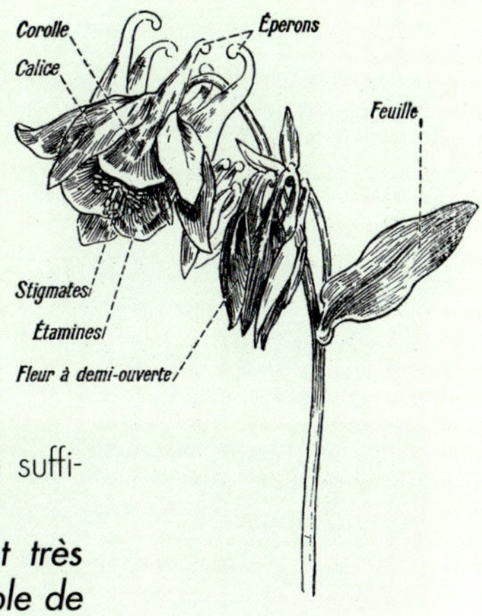

Ancolie.

Organisation florale et botanique

Chez ces fleurs hermaphrodites, ***allogames***, la fécondation est entomophile – la pollinisation est effectuée par les insectes –, les graines sont contenues dans des follicules ou des capsules qui s'ouvrent à maturité. Les graines des fleurs de cette famille sont assez grosses (sauf celles de Renoncule).

Le fruit est variable : il peut s'agir, selon les cas, d'une réunion d'akènes, pourvus d'un bec court (Adonide et Renoncule) ou d'une longue arête plumeuse (Anémone) ; chez certaines fleurs, de la réunion de follicules (Hellébore, Delphinium et Trollius) ; ou d'une vraie capsule (Nigelle).

Récolte

Les graines sont mûres quand les enveloppes commencent à s'ouvrir, laissant discerner les graines. Comme elles s'ouvrent facilement, il vaut mieux cueillir les tiges florales le matin à la rosée ; on les étale ensuite dans un endroit bien sec et ventilé. Certaines Renonculacées (Ancolie) s'ouvrent pratiquement toutes seules ; d'autres (Delphinium) nécessitent un brassage à la main. Les graines étant assez grosses, l'extraction et le nettoyage sont aisés, un simple brassage suffisant le plus souvent.

Les graines d'Aconit sont très toxiques, comme l'ensemble de la plante.

Quelques plantes

• Ancolie

La récolte a lieu lorsque les graines mûres deviennent apparentes dans les follicules, avant que ceux-ci ne s'ouvrent. On coupe les tiges à 15 centimètres, le matin, à la rosée avant de les mettre à sécher à l'ombre pendant quelques jours. Un simple brassage suffit à en extraire les graines.

Hellébore.

• Nigelle

On laisse les capsules sécher sur pied, puis on les récolte, presque sèches, juste avant qu'elles ne s'ouvrent.

• Pied-d'alouette

On coupe les grappes quand les follicules commencent à s'ouvrir. Comme pour les follicules des Ancolies, on laisse sécher les grappes florales des Delphinium à l'ombre et on extrait les graines par brassage.

Anémone.

SCROFULARIACÉES

Les fleurs de cette famille, intermédiaire entre les Lamiacées et les Solanacées, ont de très petites graines : Calcéolaire (45000 graines par gramme), Digitale (10000 graines par gramme), Linaire (19000 graines par gramme), *Mimulus* (26000 graines par gramme), *Nemesia* (4500 graines par gramme), Muflier (7500 graines par gramme), *Penstemon* (2500 graines par gramme), Véronique (20000 graines par gramme).

Grand Muflier.

La fécondation des fleurs hermaphrodites est ***croisée*** et les fruits sont des capsules à déhiscence variable.

Le Muflier

La capsule du Muflier est une sorte de casque muni de trous par lesquels s'échappent les graines ; il suffit de secouer la capsule pour recueillir les graines. La récolte se fait lorsque les capsules inférieures commencent à s'ouvrir. Les capsules supérieures sont alors encore vertes : il faut les mettre à sécher à part.
Vu la finesse des graines, chaque fois que cela est possible, on s'efforcera de cueillir délicatement les capsules pour en extraire les graines en les secouant : c'est le seul moyen d'avoir de la graine propre.

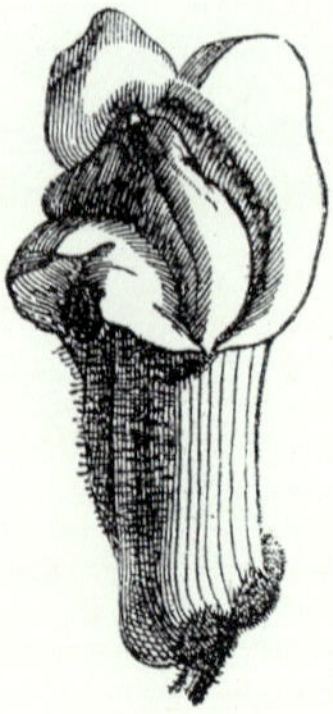

Fleur de Muflier.

Digitale.

SOLANACÉES

Si elle ne groupe qu'un nombre limité d'espèces, c'est une famille essentielle au jardin puisqu'elle triomphe l'été tant au potager qu'au jardin de fleurs et jusque sur les balcons.

• Légumes : on trouve parmi les Solanacées des légumes aussi divers que les Aubergines *(Solanum melongena)*, les Coquerets *(Physalis)*, les Piment et Poivron *(Capsicum annuum)*, la Pomme de terre *(Solanum tuberosum)*, la Tomate *(Lycopersicum esculentum)*.

• Fleurs : Browallia, Datura, Nierembergia, Pétunia, Physalis, Salpiglossis, Tabac d'ornement.

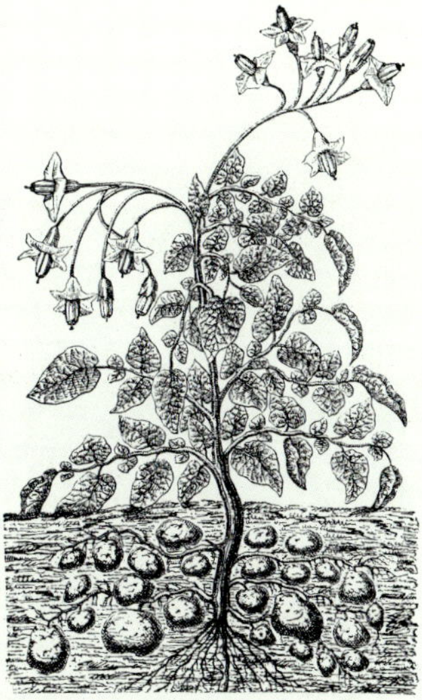

Plant de Pomme de terre.

Les fleurs sont ***autofécondes. L'hybridation spontanée y est donc très rare.***

Pratique

Les porte-graines de variétés différentes de ces autogames peuvent donc rester proches. La sélection se fait en deux temps : sur les pieds les plus vigoureux et les plus sains, puis sur les fruits : précocité, forme, couleur, consistance, teneur en eau, nombre de graines, tels sont les critères qui guideront le choix.
Les fruits doivent être récoltés bien mûrs.

Quelques plantes

• *Tomate* (voir photos p. 66)
On commence par ouvrir les fruits et par verser les graines, le jus et la pulpe dans un grand bol. On laisse fermenter dans un local à 20 °C. Au bout de quarante-huit heures environ, une pellicule blanche se forme à la surface. Cette pellicule est formée de micro-organismes qui sécrètent aussi des substances de croissance. Celles-ci favoriseront ensuite la germination. Il faut l'éliminer et laver soigneusement les graines en éliminant celles qui flottent. Pour réduire les risques de bactériose, on fera tremper les graines dans une solution vinaigrée (15 cl de vinaigre d'alcool à 8° par litre d'eau). On éponge l'eau avec un papier absorbant, puis on étale les graines et on laisse sécher.

Tomate Éros.

En cours de séchage, on remue les graines et on sépare celles qui se sont agglutinées.
Certains jardiniers estiment que ***les Tomates-cerises (plus proches du type originel ?) se croisent plus facilement avec les autres variétés***. Mieux vaut éviter de les installer à proximité d'autres variétés en reproduction.

• *Aubergines*
Pour les récolter, il faut attendre qu'elles changent de couleur ; de violettes, elles deviennent brunes, puis beiges. Les variétés blanches, quant à elles, sont jaunâtres ou beiges en fin de maturation. Une fois récoltées, elles

seront stockées jusqu'à ce qu'elles deviennent blettes. Pour extraire les graines, on gratte les filaments sur lesquels sont les graines, puis on les laisse fermenter à l'eau tiède.

Jeune plant de Pomme de terre.

Datura.

• Poivrons et Piments

L'autogamie des poivrons et piments est ***controversée***. Certains prétendent que leur taux d'hybridation peut atteindre 80 % ! Par sécurité, il est préférable de garder une distance de 50 mètres entre deux variétés ou de pratiquer la protection des porte-graines (voir p. 54). Il faut les cueillir à maturité complète, mais de nombreuses régions sont trop peu ensoleillées pour que les fruits atteignent ce stade : on peut alors essayer de les mettre sous abri pour qu'ils achèvent leur maturation. Les résultats restent aléatoires.

L'idéal est d'attendre que les fruits commencent à se rider pour les récolter et en extraire les graines. Il faut les sécher sans les laver et jeter les graines malformées ou noires.

Pour éviter tout risque d'humidification, on enveloppe les graines dans du papier absorbant, puis on les glisse dans une enveloppe de papier ou un sac en tissu, sans oublier de les identifier.

• Physalis

Longtemps réservés aux lanternes chinoises décoratives, les Physalis reviennent à la mode avec des espèces et des variétés alimentaires : Coqueret, Tomatillo, etc. Les fruits sont toujours des baies arrondies recouvertes d'une enveloppe. Celle-ci change de couleur à maturité, parfois éclate et, lorsque le fruit est très mûr, il tombe par terre. L'extraction des graines se fait comme pour les Tomates.

• Pommes de terre

Bien que les Pommes de terre se multiplient par tubercules, seuls aptes à assurer une reproduction fidèle des caractères de chaque variété, on peut récolter les baies de Pomme de terre, en extraire des graines et les semer pour voir ce que donne leur descendance.

• Fleurs

Parmi les fleurs de Solanacées figurent de très petites graines, puisque l'on en dénombre, pour un gramme, 4100 chez Salpiglossis, 6000 chez Brawallia, 6700 chez Nierembergia et jusqu'à 11 000 pour le Pétunia ! Il faut donc laisser sécher les fleurs le plus longtemps possible, sur une toile fine, puis les émietter et enlever les déchets les plus gros à la main. Sans outillage spécial, on conservera un mélange de graines et de déchets de fleurs : raison de plus pour s'assurer régulièrement que le tout ne moisit pas.

Belladone.

TROPAEOLACÉES

Les Capucines (naine ou grimpante) sont les principales représentantes de cette famille : Capucine des jardins (*Tropaeolum majus*) ou des Canaries (*T. peregrinum*).

Le fruit est formé de trois coques à une seule graine, qui se détachent à maturité. Il faut les récolter quand elles virent du vert au jaune et les laisser sécher.

Graine de Capucine.

VALÉRIANACÉES

Une salade à petites feuilles, la Mâche (de 600 à 1 000 graines par gramme) et une fleur, la Valériane (540 graines par gramme), représentent cette famille au jardin.

Valériane.

Mâche.

Les fleurs sont hermaphrodites et la pollinisation est ***entomophile***. Les fruits sont ouverts, avec des graines sèches, noires, qui tombent très facilement.

Pratique

C'est le bon moment lorsque, en tapotant légèrement une inflorescence, les graines se détachent. Il faut couper délicatement toute la plante lorsque les graines commencent à tomber et la mettre à sécher, puis essayer d'extraire le plus grand nombre de graines en secouant le pied sec, de manière à ne conserver qu'un minimum de déchets à éliminer au tamis.

GRAINES DE FLEURS

Si la récolte des graines de plantes ornementales n'est pas particulièrement difficile, la reproduction de ces plantes a quelques caractères spécifiques qu'il faut connaître pour éviter d'éventuelles déceptions. En effet, nombre d'espèces et de variétés possèdent des gammes de couleurs très variées, résultat du travail des sélectionneurs professionnels, qu'un amateur ne parvient pas toujours à reproduire, surtout si la variété ornementale présente des fleurs doubles ou hypertrophiées par rapport au type ordinaire.

◀ *Coquelicot.*

Graines de fleurs

Il est possible de réserver un coin à l'écart pour la plantation des porte-graines des fleurs que l'on souhaite multiplier.

Volubilis.

Comme c'est en fin de floraison qu'on élimine les fleurs fanées pour préserver l'éclat des potées et des massifs, on peut à la fois profiter de leur beauté et de leurs graines.

Production de graines florales et esthétique des massifs

La production des graines de fleurs pose un problème esthétique à beaucoup de jardiniers qui ont peur, en laissant les graines mûrir sur pied, d'enlaidir leurs massifs, puisque les pieds ou les fleurs porte-graines séchées ne sont pas très esthétiques.

Laisser les graines mûrir suppose en effet de conserver sur le pied les inflorescences fanées, ce qui entrave l'épanouissement des fleurs suivantes. En fait, pour avoir de quoi faire un semis l'année suivante, voire pour en donner à quelques amis, il n'y a pas besoin de beaucoup de graines. Une tige florale donne souvent autant de graines qu'un sachet du commerce.

Attention cependant avec les plantes allogames pour lesquelles il faut plusieurs pieds pour que la fécondation croisée puisse s'accomplir et que la variabilité génétique soit assurée. Mais s'il faut plusieurs pieds en fleur pour la pollinisation, il suffit d'une seule tige florale pour avoir des graines.

La couleur des fleurs et le maintien des fleurs monocolorés

La plupart des espèces et des variétés ornementales ont des fleurs de couleurs variées. Les sélectionneurs ont mis au point des lignées monocolores au sein de certaines variétés, souvent des hybrides F1.

La couleur d'une fleur est déterminée par ses gènes, comme on l'a vu avec l'exemple des Gueules-de-loup (voir p. 81). Mais lorsqu'une espèce, et *a fortiori* une variété, possède toute une gamme de couleurs potentielles, le maintien d'une souche monocolore n'est pas chose facile.

Si vous récoltez les graines d'un bleuet sauvage (bleu) et que vous les ressemez dans votre jardin, vous verrez peut-être, en quelques générations, des bleuets d'autres couleurs apparaître. Il s'agit alors de gènes récessifs, masqués à l'origine par le gène dominant « bleu ».

Hortensia bleu.

Notion de génétique

Au fur et à mesure des fécondations successives du bleuet, il s'est trouvé un (des) grain(s) de pollen porteur d'une cellule sexuelle mâle sans gène dominant bleu ; l'union de celle-ci avec un ovule également sans gène bleu a permis l'émergence d'une autre couleur qui, jusqu'à ce moment-là, n'était qu'une potentialité non exprimée. Quand on sait que la couleur peut être l'expression de l'interaction de plusieurs gènes, on comprend à quel point la sélection et le maintien d'une souche monocolore est chose complexe.

Conserver des couleurs pures

Si vous voulez pourtant sélectionner et reproduire une souche monocolore d'une fleur à couleurs variées, il faudra faire preuve de patience, en partant de fleurs de la couleur choisie : à la première génération, vous récolterez les graines issues de fleurs de la couleur désirée. Pour gagner du temps, vous pouvez isoler (voir p. 54, 58-59) des plants de cette couleur.

L'année suivante, la sélection sera entreprise à partir de ces graines. Pour faciliter l'épuration, vous pouvez – pour les fleurs annuelles – élever les jeunes plants en godets, jusqu'à ce que les premières fleurs apparaissent, et ne planter que ceux de la bonne couleur.

Pour les bisannuelles, il vous faudra un repiquage intermédiaire à l'automne, et planter au printemps suivant les plants sélectionnés.

Au fil des années, vous avez toutes les chances d'obtenir de plus en plus de plants fleurissant selon vos souhaits. Mais la complexité des déterminants génétiques ne vous évitera sans doute pas de voir ressortir sporadiquement d'autres couleurs.

Cyclamen.

GRAINES « EN MÉLANGE »
C'est en raison des surprises que peut engendrer la variabilité génétique que les sachets de graines de fleurs traditionnelles, les plus simples, sont vendus « en mélange ». À l'échelle du jardin, le plus simple est effectivement de faire des graines en mélange de couleurs. Il suffit réellement de laisser les graines mûrir.

Eschscholtzia.

Dahlia.

Conserver des fleurs géantes

L'évolution des fleurs pour massifs se caractérise souvent par une taille de plus en plus grande, obtenue par les établissements sélectionneurs : Pensée à fleur géante, innombrables variétés à fleurs doubles. Le problème est le même que pour la couleur : en multipliant simplement ces plantes, on risque de voir leurs fleurs se rapprocher du type originel. Par exemple, la Rose d'Inde a de grosses fleurs doubles, véritables pompons ; en récoltant ses graines au jardin, en quelques années, on retrouve un type originel à fleur plus simple, sans pour autant obtenir un œillet d'Inde.

Mais est-ce vraiment un inconvénient ? Tous ces types de plantes à fleurs hypertrophiées se trouvent facilement dans le commerce horticole ; le jardinier a intérêt à multiplier des fleurs simples et originales qui ont justement tendance à tomber dans les oubliettes de l'horticulture.

Plus on tente de multiplier un type issu d'une sélection poussée, plus on a de chances de faire ressortir un type originel plus simple, tant pour la forme que pour la couleur.

Pensée tricolore.

Tulipes.

Choix du porte-graines

Comme pour les plantes alimentaires, le choix du porte-graines sera déterminant pour la réussite de l'opération. Ici aussi, il faut choisir entre sélection conservatrice et sélection créatrice.

• *Sélection conservatrice :* comme son nom l'indique, il s'agit de maintenir les caractéristiques d'une lignée donnée. Pour cela, on choisit les sujets les plus représentatifs, tant pour la hauteur que pour le nombre, la taille ou la couleur des fleurs.

Le choix du porte-graines se fera à plusieurs stades du développement de la plante :

– ***à la levée :*** pour reproduire les meilleures qualités germinatives, mieux vaut ne repiquer que les plants levés les premiers, signe de dynamisme ;

– *à l'apparition des tiges et bourgeons floraux*, sur le port général de la plante, le nombre de fleurs, etc. ;
– *à la floraison*, sur l'ensemble des critères choisis.

Echinacea.

• *Sélection créatrice* : il s'agit alors de faire émerger, au sein d'une population, un type parmi tous ceux qui sont présents, voire de faire émerger un nouveau type. Il peut s'agir de sélectionner une couleur (voir p. 32-33) ou de rechercher un port différent. Dans ce dernier cas, le résultat est plus incertain, car les différences ne sont pas toujours fixées dans les gènes. Si, par exemple, l'on choisit dans un parterre une plante présentant un port ramassé et une floraison harmonieuse, on peut en récolter les graines ; mais il n'est pas du tout sûr que les plantes qui en seront issues reproduiront ce port ; peut-être ne s'agissait-il que d'un « accident » de développement dans la génération précédente ? Mieux vaut choisir de multiplier un type moyen, bien raciné, avec un feuillage assez développé et pas trop florifère.

Primevère.

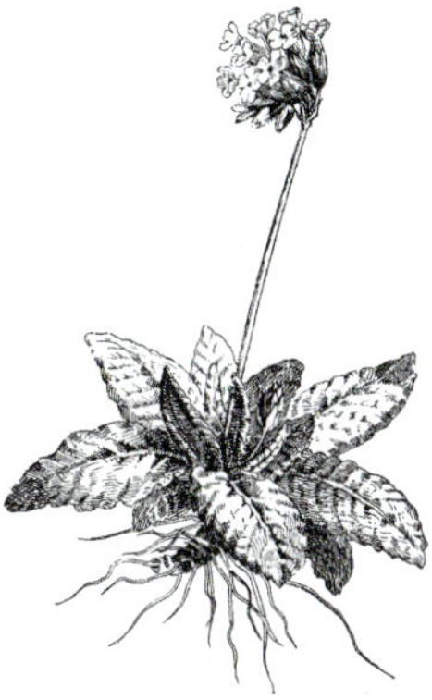

Primevère officinale.

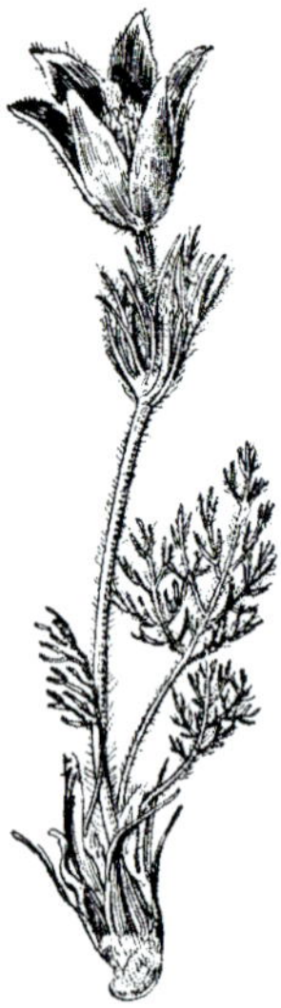

Anémone pulsatile.

Les hybrides F1

L'apparition des hybrides F1 a profondément transformé la gamme des légumes, mais les nouvelles apparitions n'ont, pour la plupart, pas modifié la forme ou la couleur des produits du potager.

Pour les fleurs, en revanche, il y a véritablement eu « création » de nouvelles formes et sélection de nouvelles couleurs. Que l'on achète des fleurs prêtes à planter ou des semences, il s'agit de plus en plus souvent d'hybrides F1. Comme pour les légumes (voir p. 81), les semences issues de plantes HF1 exposeront la diversité des caractères génétiques de leurs lignées parentales.

Il y a autant de plantes allogames parmi les fleurs que parmi les légumes ou les aromates. Mais comme il est plus rare d'avoir deux fleurs de la même espèce ou deux espèces d'un même genre, les cas d'hybridation sont bien plus rares.

Préparer ses plants de fleurs

Nombre de fleurs simples de nos jardins peuvent se semer directement en place, de la Capucine au Cosmos en passant par l'Ipomée ou le Pois de senteur. Mais pour avoir ensuite un carré harmonieux, il faut souvent éclaircir, désherber... car si la distance des semis est facile à respecter pour les graines assez grosses, il faut une main très agile pour bien semer les graines les plus fines. Et un bel ensemble peut être rompu par une seule plante mal développée.

Pour éviter ce type de désagréments, on peut préparer les plants en godets en récupérant ceux dans lesquels sont vendues les jeunes plantes – godets de 7 à 8 centimètres – et en y semant quelques graines pour ne garder que le plus beau pied.

Et la rose bleue ?

Le développement du génie génétique va accélérer ce processus, puisqu'on annonce la mise sur le marché d'une Rose bleue, par transfert d'un gène de Pétunia contrôlant la formation des pigments bleus, la couleur la plus rare dans le règne végétal : il a fallu pour cela identifier le gène, le transférer d'une espèce à l'autre (de deux familles différentes), et « apprendre » à la Rose à utiliser ce gène pour reproduire la teinte tant recherchée.

Volubilis.

Cette méthode présente plusieurs avantages :

- *simplification du travail :* plus d'éclaircissage en place, désherbage réduit ;
- *gain de précocité :* en élevant les plants à l'abri, on peut les mettre en place – dès les froids passés – à la date prévue pour les semis en place ;
- *sélection plus facile :* il est ainsi plus facile de choisir les plants les plus beaux ; et pour les plantes qui fleurissent précocement, on peut sélectionner la couleur ou la forme des fleurs.

Culture des porte-graines

On cultive les fleurs comme d'habitude : désherbage, arrosage, suppression des fleurs fanées, sauf de celles qui ont été choisies comme porte-graines.

Pour éviter de supprimer les porte-graines, on marquera les pieds retenus, mais pour ne pas gâter la beauté des massifs, l'opération sera discrète : plutôt qu'un piquet haut, on utilisera un simple bout de bois placé derrière la plante. ***On pourra aussi nouer un ruban de couleur sur les tiges florales sélectionnées.***

Monarda didyma.

Pour la plupart des espèces, il suffira de laisser mûrir quelques fleurs, voire une tige florale, pour avoir une quantité suffisante de graines. Comme le fait de laisser les fleurs sécher retarde, voire empêche, le développement des suivantes, on laissera généralement tout un pied mûrir, ou une touffe pour les plantes qui se ramifient à partir de la base.

Clématite.

Sélection créatrice : protéger les porte-graines

Si l'on a décidé de faire de la sélection créatrice, en particulier sur la couleur, il faut prévoir un emplacement à cet effet, dans un coin du jardin. On peut réaliser en voile non tissé des petits tunnels de protection (voir p. 54) et regrouper plusieurs espèces sous le même voile, pourvu qu'elles aient les mêmes exigences, en particulier pour l'exposition.

Graine de clématite.

Pensée annuelle.

Violette.

Chrysanthème comestible.

Hortensia.

Le risque de chute des graines est augmenté dans les endroits venteux, puisque le fait de remuer les enveloppes florales peut suffire à les faire tomber ou éclater les enveloppes.

Maturation des graines

Qu'elles soient isolées ou groupées dans un massif, on laissera les fleurs se faner puis sécher. Le moment de la récolte dépendra du risque de dissémination des graines.

Certaines graines, comme celles de Capucine, tombent avant d'être mûres. Il faut les cueillir encore vertes et les faire sécher soigneusement pour qu'elles achèvent leur maturation.

Une surveillance attentive est nécessaire. Dès que les graines commencent à tomber, il faut couper les tiges florales et les mettre à finir de sécher. Pour les graines les plus légères, il est préférable de les cueillir délicatement une à une.

Extraction et nettoyage

Pour éviter l'opération fastidieuse de tri des déchets, il faut, dans tous les cas où cela est possible, essayer d'extraire les graines sans briser les enveloppes ou les sommités séchées.

Pour tester la faculté de dissémination, on secoue délicatement les tiges florales sèches au-dessus d'un seau. Si les graines tombent, il faut en extraire le maximum par simple secouage. Dans le cas contraire, il convient de couper les fleurs une à une pour en sortir les graines.

Le battage viendra à bout des cas difficiles.

Ci-contre : foisonnement et couleurs dans le jardin d'Annie-Jeanne.

ARBRES ET GRAINES SAUVAGES

La sélection humaine a permis de reconnaître dans la nature des types végétaux intéressants et de les faire évoluer plus ou moins rapidement vers des formes recherchées pour leurs qualités ornementales, alimentaires ou gustatives, ou pour la valeur de leur bois.
Mais les espèces et les variétés cultivées ne représentent qu'une toute petite partie de la diversité du monde végétal. L'extrême variété des conditions écologiques a permis, au fil des siècles, à la sélection naturelle de faire son œuvre et de différencier de nombreuses races locales, bien adaptées à leur milieu.
Des plus petites plantes herbacées aux arbres gigantesques, on peut avoir envie de retrouver cette diversité dans son jardin ou dans son parc.

◀ *Prunellier*

Faines du Hêtre.

Prélever des graines plutôt que des plants

On peut prélever de jeunes plants dans la nature pour les transplanter chez soi, mais cela présente deux inconvénients majeurs :

- La cueillette de végétaux dans la nature contribue à l'appauvrissement du patrimoine naturel. Toute plante est une reproductrice en puissance. Combien de plantes rares ont-elles disparu du fait des cueillettes fréquentes ?
- L'acclimatation des plantes sauvages au jardin est difficile : même si elles passent l'épreuve de l'arrachage et du transport, les plantes ne s'adaptent pas toujours aux nouvelles conditions de vie – sol ou climat – que l'homme veut leur imposer.

Comme la quasi-totalité des plantes produisent des graines, il est préférable de tenter la reproduction des plantes sauvages par l'intermédiaire de leurs graines. Vu le grand nombre de semences que produit chaque plante, le prélèvement de quelques-unes d'entre elles ne met pas en péril la lignée, et les végétaux issus de semis s'adaptent plus facilement aux modifications des conditions culturales.

Spécificité des graines sauvages

Il faut remarquer que, chez certaines plantes cultivées, restées proches du type sauvage originel, les graines ont gardé les caractères et le comportement des graines sauvages ; c'est le cas des arbres forestiers, des plantes aromatiques ou médicinales, de certaines fleurs vivaces ou arbustives, etc.

Sauvages ou cultivées, toutes les graines devraient, semble-t-il, être identiques. Il y a pourtant des différences importantes qui concernent aussi bien leur production que leurs qualités germinatives.

L'homme protège les espèces et les variétés qu'il sélectionne et cultive ; une fois récoltées, elles sont mises à l'abri, conservées et ressemées dans des conditions optimales. Elles n'ont donc pas à faire preuve de résistance vis-à-vis des aléas climatiques : elles s'acclimatent peu à peu à ces conditions régulières. Leurs graines n'ont plus besoin de résister aux mauvaises conditions en attendant des jours meilleurs : c'est l'homme qui les sème quand il juge le moment propice venu.

Il en va tout autrement pour les végétaux sauvages ; leurs graines jouent encore pleinement leur rôle initial de protection de la lignée. Elles doivent pouvoir traverser un maximum de variations climatiques, tout en nourrissant des populations animales variées (de l'insecte au mammifère). Pour y parvenir, les plantes produisent d'énormes quantités de graines, dont seule une infime proportion donnera un jour naissance à de nouveaux individus.

Pour pouvoir assurer le maintien de leur lignée dans les conditions difficiles qui sont les leurs, les plantes sauvages développent certaines spécificités :

Âge de fructification : on sait que les « grands » arbres, qui vivent très longtemps, ne produisent des fruits, et donc des graines, qu'au bout d'un certain nombre d'années : de quinze à trente ans pour de nombreux Conifères, de soixante à soixante-dix ans pour le Hêtre !

Périodicité de fructification : même une fois qu'elles fleurissent, toutes les plantes ne forment pas tous les ans des graines viables : la floraison, la fécondation et la fructification peuvent varier d'une année à l'autre.

Variation des facultés germinatives : toutes les graines issues d'une même plante sauvage ne seront pas en état de germer en même temps. Ainsi, dans un semis de Lavande (voir p. 72), certaines graines lèvent assez vite, alors que la plupart doivent subir une levée de dormance (voire un hiver) pour germer, et un même lot de graines peut donner lieu à des levées successives très variables. C'est encore une manière pour la plante de mettre des atouts de son côté ; même si une première levée n'atteint pas l'âge adulte, cet étalement des levées est l'assurance du maintien de la lignée.

Durée germinative brève : certaines graines sauvages peuvent germer dès qu'elles tombent de la plante mère. Certaines perdent même très vite leurs capacités germinatives et meurent – dans les conditions habituelles – si elles ne germent pas rapidement. C'est en particulier le cas de grosses graines comme le Gland : s'il ne trouve pas au pied de son arbre – ou dans un semis en pépinière – les conditions de germination dans les semaines suivant sa maturité, il meurt, sauf s'il est mis au froid (on peut alors le conserver trois ans à – 1 ° C).

Dormance : afin de pouvoir survivre jusqu'au moment adéquat pour germer, beaucoup de graines sauvages entrent en dormance assez vite après avoir atteint leur maturité morphologique.

Germination : la sélection naturelle a retenu les plantes qui réagissent le mieux aux cycles naturels et en particulier celles dont les graines sont le mieux adaptées aux écosystèmes locaux.

Par rapport aux lignées cultivées, il y a une première différence de fond : il est rare que des graines sauvages, même placées dans les conditions optimales, atteignent des taux de germination élevés (plus de 75 %), comparables à ceux des semences sélectionnées par l'homme.

Cette diversification des exigences et des capacités germinatives de graines issues d'une même génération et d'un même porte-graines fait partie des procédés mis au point par la nature pour assurer une reproduction minimale dans un maximum de conditions différentes.

Si les professionnels sont souvent équipés pour faire subir aux graines tel ou tel traitement physique ou chimique, ou pour créer à vo-

Cette diversification des exigences et des capacités germinatives de graines issues d'une même génération et d'un même porte-graines fait partie des procédés mis au point par la nature pour assurer une reproduction minimale dans un maximum de conditions différentes.

Certains Épicéas ne donnent une bonne récolte de graines que tous les sept ans, et leurs graines ne sont récoltables que tous les trois ans en moyenne.

Germination d'un Gland de Chêne.

Lorsque l'on sème les fruits des variétés de Roses cultivées (hybrides de Thé, Polyantha), on n'obtient pas des Roses sauvages, contrairement à ce que l'on croit ; ces semis donnent naissance à une multitude de rejetons à fleurs de toutes les couleurs, simples ou à moitié pleines, parmi lesquelles on a parfois l'heureuse surprise de trouver une belle rose nouvelle. Il en va de même pour nombre de fruits.

lonté des conditions artificielles (température, humidité, éclairement) afin de provoquer la germination, cette procréation assistée n'est pas à la portée des jardiniers amateurs, qui doivent suivre quelques règles simples s'ils désirent provoquer des levées chez un maximum d'espèces végétales différentes.

Conservation des caractères : les descendants obtenus par semis ne gardent pas toujours les caractères du porte-graines. Il arrive que des caractères minoritaires ressortent. Ainsi le hêtre rouge (*Fagus sylvatica* « *Atropunicea* ») donne souvent en partie des sujets à feuilles rouges dont certains reverdissent régulièrement au cours de leur premier été, pour devenir entièrement verts en grandissant.

Des graines de plantes natives des causses cueillies pour être semées dans un jardin de la moitié nord de la France germeront peut-être, mais leur développement sera sans doute problématique. Habituées à un terrain calcaire, pauvre, rocailleux et sec et au climat chaud, ces plantes risquent de ne pas apprécier une riche terre de jardin, un sol acide ou un ensoleillement parcimonieux.

Importance de l'écosystème d'origine

L'adaptation des plantes sauvages à leur sol et à leur climat est la condition essentielle de la survie de ces espèces. Aussi faut-il tenir compte du sol et du climat du lieu de récolte des graines. Pour qu'elles se développent harmonieusement, il faut essayer de les réimplanter dans des conditions proches de celles de leur habitat d'origine ; cela peut nécessiter l'introduction de quelques modifications aux conditions habituelles du jardin : reconstitution d'une rocaille, appauvrissement du sol...

Les plantes de montagne supportent parfois moins bien le froid qu'on ne le croit : elles passent, en effet, l'hiver sous la neige, au stade de la rosette, et ne sont à l'air libre qu'après le dégel ; en fait, elles n'ont à faire face qu'à de faibles gelées et, paradoxalement, il leur arrive de naître trop tôt en plaine et de subir des gelées fatales.

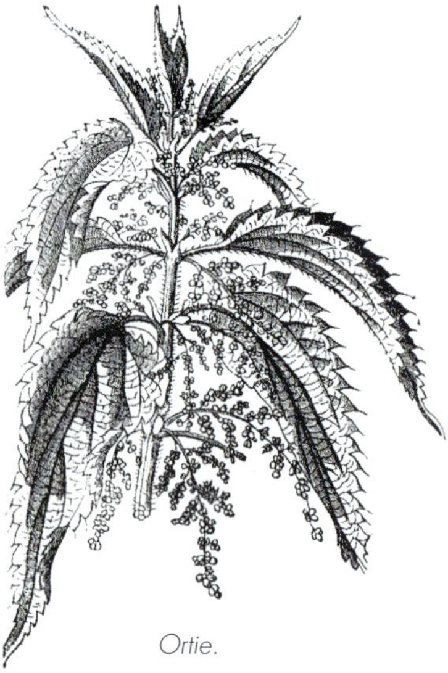

Ortie.

Quelles plantes sauvages ?

Les Gymnospermes, qui sont des plantes à ovules nus, regroupant les Conifères et le Ginkgo, seul survivant de sa classe, seront étudiés plus loin (voir p. 138).

Chez les Angiospermes, plantes à ovules protégés, la production de graines d'une plante donnée est toujours plus ou moins étalée dans le temps. Il faut éviter de récolter les premières graines, car elles ne sont souvent mûres qu'en apparence : il peut s'agir d'ovules non fécondés ou de graines attaquées par les insectes, mal formées ou pourries.

Petites plantes à fruits secs

Il s'agit de plantes herbacées annuelles, bisannuelles ou vivaces, ou de plantes ligneuses basses. On récolte leurs graines de la même manière que celles des plantes cultivées de la même famille. Les fleurs sauvages sont souvent plus petites que leurs homologues sélectionnées et cultivées. La différence essentielle porte sur l'évolution des facultés germinatives.

Multiplier une plante inconnue ?

Il arrive que, lors d'une promenade à travers champs ou bois, l'on soit séduit par une petite fleur éblouissante et désireux de l'acclimater en son jardin. Dans l'ignorance de son nom et de ses exigences germinatives, mieux vaut, après avoir recueilli ses graines, procéder comme suit :

- vérifier que les inflorescences ou les graines sont mûres et sèches ;
- répartir les graines en trois lots :

– le premier sera semé en bac le plus rapidement possible ;
– le deuxième sera mis au froid, entre + 4 ° C et – 5 ° C, pour conserver ses facultés germinatives et, éventuellement, lever une dormance ;
– le troisième sera séché, trié et conservé de manière classique pour être semé au printemps suivant.

Dans la plupart des cas, au moins l'un des trois lots germera.

Arbres ou arbustes fruitiers

La plupart se reproduisent par multiplication végétative. Les variétés fruitières sont issues d'une double sélection :

- des porte-greffes pour la forme et la vitalité de l'arbre ;
- des greffons pour la qualité gustative.

Les semis de noyaux ou de pépins donnent des sujets « francs », très vigoureux, mais, la plupart du temps, les fruits obtenus sont de type sauvage. Cependant, ces francs peuvent être d'excellents porte-greffes pour des arbres en plein vent qui auront un développement important et une grande longévité. Certaines variétés se repro-

Il ne faut pas oublier, pour pouvoir identifier rapidement cette belle inconnue, de prendre des photos détaillées de la plante : tiges et feuilles, fleurs et fruits ; les photos pourront être soumises à un botaniste, par l'intermédiaire d'un conservatoire ou d'un jardin botanique.

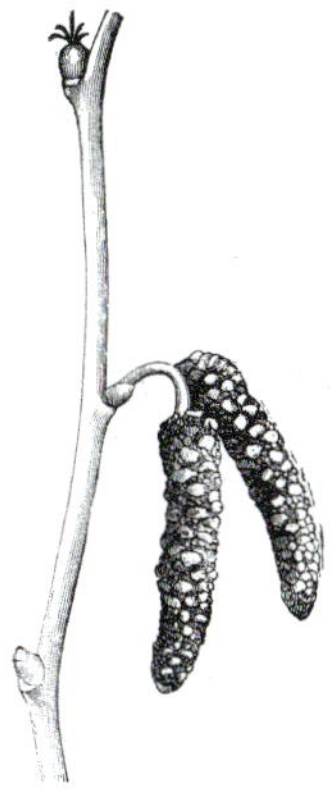

Noisetier.

Noisetier pourpre.

duisent néanmoins fidèlement par semis ; on dispose malheureusement de peu de données en la matière.
Que ce soit pour obtenir des porte-greffes francs ou pour reproduire des variétés stables, il faut respecter un certain nombre de règles pour avoir de beaux semis :
– les graines, pépins et noyaux doivent être extraits de fruits récoltés bien mûrs ;
– les graines doivent être fraîches ; les graines desséchées sont inutilisables ;
– pour éviter le dessèchement, les semences sont placées dans du sable maintenu légèrement humide ou stratifiées dès leur extraction ;
– les graines stratifiées sont stockées dans un endroit frais, comme une cave, ou au pied d'un mur exposé au nord, et protégées des oiseaux et des rongeurs ;
– il faut les mettre en terre dès la germination qui intervient au printemps.

Coing.

Variétés fruitières réputées stables

- Abricotier : Alberge, Hollande, Rouge du Roussillon.
- Cognassier : de Provence, du Portugal.
- Noyer : Franquette, Lozerone.
- Pêchers : de vigne, sanguine, Galande, Grosse Mignonne, Incomparable Guilloux, Madeleine, Reine des vergers.
- Pommier : uniquement des variétés à cidre.
- Prunier : Agen, Damas, Mirabelle, Monsieur, Quetsche, Reine-claude.

D'après Paul Moray
Écoverger, Éditions CIEPAD

Truc

Pour améliorer les résultats, Paul Moray, dans son livre *Écoverger*, conseille de placer les graines dans un terreau légèrement humide, dans des demi-bouteilles en matière plastique. Selon les espèces, les graines resteront au réfrigérateur (entre 1 ° C et 10 ° C) pendant un mois (Agrumes, Cognassier, Grenadier), un à deux mois (Abricotier, Amandier), trois mois (Châtaignier, Kaki, Pistachier), quatre mois (Pêcher), six mois (Cerisier, Prunier).
Il faut surveiller la germination et semer dès l'apparition des germes.

Châtaigne.

Fleurs de Châtaignier.

Arbres forestiers : les bons porte-graines

Dans une parcelle boisée, les arbres qui poussent à la périphérie portent le plus de fruits. Cependant, si plusieurs variétés ou lignées différentes voisinent, les arbres qui marquent la limite du bois porteront les sujets les plus variables, voire les plus médiocres par hybridation avec des arbres de peu de valeur situés à proximité. Alors que les graines d'arbres situés au cœur d'un boisement homogène, et bien éclairés, donneront de beaux sujets.

Arbres à graines lourdes

Les arbres forestiers (Chênes) ou fruitiers (Châtaigniers) portent des graines de taille importante. Il est intéressant de faire un repérage préalable et de choisir un sujet en pleine forme dont on nettoiera le pied, puis de repasser régulièrement pour collecter les graines. Il faut les ramasser au pied de l'arbre et les placer rapidement en condition de germination ou de conservation. Si l'on désire récolter, lors d'une promenade occasionnelle, on choisira un arbre dont les semences ont commencé à tomber, mais qui en possède encore : il faut ramasser les dernières tombées ou gauler légèrement, puis ramasser.

Arbres à graines légères ou ailées

Il est préférable de ne pas ramasser celles qui sont déjà tombées à terre : elles ne se conserveraient pas longtemps. Mieux vaut repérer un sujet dont les graines ont commencé à tomber, étaler une toile ou une bâche à ses pieds, secouer légèrement une ou plusieurs branches porteuses de graines et récolter celles qui se détachent de l'arbre. Si l'on secoue trop fort, on risque de recueillir des graines qui ne sont pas encore mûres. La récolte se fait ainsi pour le Frêne, les Érables, le Charme, le Tilleul.
Les gousses de Robinier sont cueillies au milieu de l'automne, avant maturité. Chez les bouleaux et les Aulnes, les graines sont contenues dans des cônes ; on coupe des rameaux fertiles chargés en cônes que l'on met à sécher dans un lieu sec et bien ventilé. Lorsqu'ils sont secs, ils s'ouvrent et libèrent les graines.
Semis stratifiés : pour toutes les graines assez grosses pour être semées une à une, le semis stratifié est une technique qui donne de bons résultats. Il s'agit de placer les graines dans un mélange de sable (20-50 %) et de terreau (80-50 %) et de leur faire ainsi passer l'hiver en exposition nord. La stratification rassemble un certain nombre de graines dans un même récipient, tandis que, pour le semis stratifié, on utilise des godets, en plaçant de une à trois graines par godet (selon leur taille) et en ne laissant qu'un pied par godet après la levée. Cette technique présente l'avantage de fournir des plants à godets prêts à être mis en place.

Châtaignes dans leur bogue.

Pin sylvestre.

Pin.

Graines de Conifères

Les fleurs de Conifères sont très riches en pollen, véhiculé par le vent. La maturation des graines est très lente puisque, chez certains Abies, il faut un an entre la pollinisation des fleurs femelles et la formation des graines.

Les fruits des Gymnospermes sont divers :

- chez les Taxacées, il n'y a pas de cône, mais un simple ovule nu donnant une graine entourée d'un bourrelet charnu (arille) chez Taxus (l'If), alors que la partie externe du tégument devient charnue chez Podocarpus et Cephalocarpus ;
- chez les Cupressacées, il y a les galbules du Cyprès ou la fausse baie des Genévriers ;
- chez les Abiétacées, le fruit est un cône, de la taille d'un Petit Pois chez Lestsuga, d'un poing chez les Cèdres et jusqu'à celle d'une tête d'homme chez certains Araucaria... Dans ces cônes, les écailles ovulifères se sont développées, lignifiées, et portent les graines sur leur dos.

Les graines de Conifères sont des Amandes formées par l'endosperme (réserves) et l'embryon, entourées d'un tégument habituellement ligneux et pourvues d'une aile membraneuse.

Si la récolte est facile chez les plantes basses, il n'en va pas de même pour les grands arbres, car les fruits sont dans les parties les mieux éclairées des arbres, c'est-à-dire généralement en haut des cimes les plus élevées ! Lorsqu'ils sont mûrs, les cônes s'ouvrent (Pins, Épicéas, Mélèzes, Douglas, Thuyas) ou se désarticulent (Sapins, Cèdres). Les collecteurs professionnels sont des grimpeurs qui cueillent les cônes à la main après s'être hissés en haut des arbres. Cet exercice nécessite des équipements de sécurité spéciaux pour éviter les chutes. L'amateur, non préparé à ce genre d'exercices, aura, quant à lui, deux possibilités : lorsque c'est possible, quand les branches fertiles ne sont pas trop hautes, faire tomber des cônes par secouage ; ou bien pratiquer le ramassage, en cherchant les cônes qui n'ont pas encore libéré leurs graines.

Extraction : il est préférable de cueillir les cônes un peu avant maturité. Pour en extraire les graines, il existe deux techniques :

- par exposition progressive à la chaleur qui provoque l'ouverture des cônes : 25 ° C pour commencer, puis jusqu'à un maximum de 40 ° C. Les cônes sont étalés sur des claies exposées au soleil, ce qui les fait s'ouvrir ; si l'on dispose la claie au-dessus d'une bâche, il n'y a qu'à secouer en fin de journée pour faire tomber les graines. L'opération répétée plusieurs jours de suite permet de récupérer un maximum de graines ;

• les graines de Sapin et de Cèdre ne supportent pas l'exposition à la chaleur ; il faut les extraire par fragmentation, après un trempage de douze heures dans l'eau pour les Cèdres. L'extraction peut aussi se faire par foulage au pied : cela donne un mélange de déchets de cônes et de graines, qu'il faut ensuite trier.

Conservation : en règle générale, les graines munies de leurs ailes se conservent mieux. Pour de petites quantités, le mieux est de les garder au frais, vers 3 ou 4 ° C, au réfrigérateur. Attention aux variations de température si elles doivent voyager. On peut aussi pratiquer la stratification.

Nombre de graines d'arbres au gramme	
Conifères	
Épicéa commun	120 à 150
Épicéa de Sitka	350 à 500
Sapin de Douglas	71 à 130
Mélèze d'Europe	85 à 180
Mélèze du Japon	200 à 330
Pin sylvestre	140 à 160
Pin noir d'Autriche	45 à 55
Pin maritime	15 à 22
Pin Weymouth	50 à 75
Tsuga de l'Ouest	500 à 650
Thuya géant	800 à 1 000
Cyprès de Lawson	300 à 500
Sapin pectiné	17 à 30
Feuillus	
Chêne pédonculé	0,20 à 0,33
Chêne sessile	0,3 à 0,4
Hêtre	3,5 à 6
Frêne	13 à 15
Érable sycomore	11 à 16
Érable platane	7 à 10
Charme	23 à 32
Robinier pseudo-acacia	45 à 55
Bouleau	1 500 à 3 000
Aulne glutineux	500 à 750
Aulne blanc	160
Orme	130 à 150

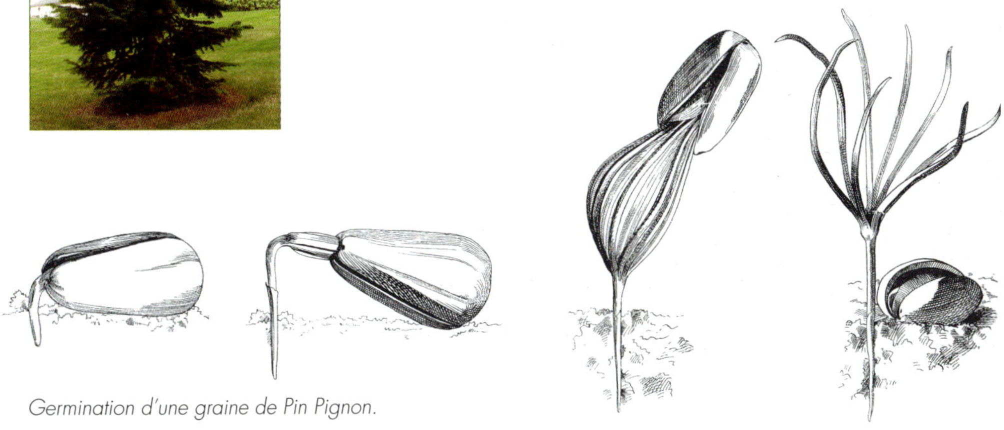

Germination d'une graine de Pin Pignon.

PIONNIERS ET MILITANTS DE LA BIODIVERSITÉ

A*u commencement était la graine*… pourrait-on dire pour parler du jardinage. Et pourtant ! Pendant des années, les jardiniers biologiques n'avaient guère le choix… Même s'ils reproduisaient eux-mêmes quelques espèces végétales, il leur fallait s'approvisionner en graines classiques issues de cultures - et de sélection - productivistes et chimiques.
Et puis quelques pionniers se mirent à produire des graines biologiques pour les proposer aux jardiniers…

◀ *Graines à aigrettes du Pissenlit.*

Sylvia la pionnière

La première d'entre eux fut Sylvia Smidt, fondatrice du **Biau Germe**. Sa belle aventure vaut d'être contée. Lorsqu'en 1959, Sylvia Smidt débarque de Suissse et s'installe avec des amis sur leur ferme de polyculture-élevage à Montpezat d'Agenais, la suite n'est pas évidente. La suite, c'est d'abord le passage en agriculture biologique en 1972... Les années passent, les amis prennent leur retraite en 1980, et Sylvia ne se sent pas de pratiquer l'élevage seule. Que faire ? Ayant comme beaucoup d'entre nous déploré l'absence de graines biologiques, elle décide de se lancer dans leur production. Quelques essais, un demi-hectare de culture, et en 1982 paraît le premier catalogue du... ***Biau-Germe***. Le succès est immédiat depuis le temps que les jardiniers bio attendaient cela ! La qualité étant au rendez-vous, ce succès se confirme et Sylvia, qui travaille très artisanalement, est vite dépassée par la demande, malgré l'aide de ses amis.

À la même époque le frère de Sylvia, René, est en recherche ; ayant repris l'entreprise familiale en Suisse, mais ne se sentant pas l'âme d'un manager, il part vivre dans une communauté de l'Arche[1]. Il y rencontre Annie, venue de sa Champagne natale.

Sylvia débordée, Annie et René à la recherche de... La jonction s'opère, une ferme de 14 hectares est trouvée à Montpezat. Installation en 1985.

Et de trois !

Deuxième étape du *Biau Germe* : 3 UTH (Unité Travail Homme), comme on dit dans les statistiques, mais cette nomenclature ne correspond vraiment pas à l'esprit de ces trois là ! Changement de taille : plus de deux hectares de cultures. 1989 : naissance de Gabrielle... Le succès continue. Les trois sont à leur tour débordés : ils décident de rechercher un(e) associé(e) et passent des petites annonces. Une bonne année 1990 et une bonne impression d'associés éventuels... Le pas est franchi : Pascal et Véronique s'installent à Montpezat, construisent leur maison : les Biau Germe sont cinq ! Et il y a 4 hectares consacrés à la production de graines.

Au fil des années, d'autres producteurs ont rejoint le Biau Germe. Chacun mène sa ferme, et ils sont réunis dans le « Groupement d'intérêts économiques (GIE) Biau Germe ». Les cultures sont réparties entre eux de manière à éviter les hybridations indésirables.

En 2005, voici comment le Biau Germe se présente :

Nous consacrons environ 10 hectares à la production grainière, répartie sur plusieurs propriétés en raison des hybridations, dans des terres argilo-calcaires des coteaux de l'Agenais, limoneuses du Périgord et alluvionnaires de la vallée du Lot.

Avec notre production de graines en biologie et biodynamie, nous visons deux objectifs, dans la mesure de nos modestes possibilités.

D'abord, vous offrir des semences dont le potentiel génétique n'a pas été altéré par des traitements chimiques, et qui pourront ainsi continuer la lignée de nos plantes cultivées, autrefois si vigoureuses.

Ensuite, nous espérons contribuer au sauvetage des variétés anciennes, que l'on fait de plus en plus disparaître du commerce au profit des hybrides.

[1] *Les communautés de l'Arche sont issues de la pensée de Lanza del Vasto : non-violence active et militante, spiritualisme œcuménique. Elles fonctionnent en communautés agricoles le plus autonome possible, lieux de rencontre ouverts à ceux qui cherchent.*

Évidemment, seule une infime partie de cet immense patrimoine génétique peut être préservée par nos soins. Heureusement, un peu partout, on tente maintenant de sauvegarder des variétés anciennes. Vous aussi, vous pouvez contribuer à ce sauvetage génétique. Si vous achetez des graines dans le commerce, insistez pour qu'on vous donne des variétés anciennes - elles se reconnaissent à leur prix inférieur !
Et bien sûr, devenez client du Biau Germe ! Nous avons besoin de vous pour continuer notre travail, qui n'est subventionné par personne.
Nous donnons notre préférence aux variétés anciennes, c'est-à-dire cultivées avant 1914, en y joignant toutefois de bonnes sélections plus récentes. Ces variétés ont fait leurs preuves ; elles sont généralement plus rustiques et moins exigeantes que les variétés modernes, qui sont sélectionnées en vue du maraîchage industriel. Mais ne vous attendez pas à des graines « réussite garantie à 100 % » ! Le jardinage a été depuis toujours un art, bien avant l'introduction de la chimie en agriculture. Et songez qu'entre le semis et la levée a lieu le « petit miracle » de la germination, sur lequel personne n'a de prise.
« Nous » ce sont maintenant sept fermes, douze personnes qui produisent des graines bio sur une quinzaine d'hectares. L'aventure est belle car il ne s'agit pas seulement d'une aventure économique et écologique, mais d'une aventure humaine dans laquelle chacun(e) est partenaire à part entière... À l'ère des multinationales, cette « multifamiliale » continue son chemin...

Germinance, la graine biodynamique

Quelques années après Sylvia, François Delmont, agriculteur biodynamique, se lance lui aussi dans l'aventure : c'est la création de « Germinance »... Après avoir travaillé seul pendant des années, il anime maintenant cette entreprise artisanale de production de semences biodynamiques. Au fil des ans, il a mis en place un réseau d'une vingtaine d'agriculteurs qui pratiquent la biodynamie sur leur domaine (la plupart ont la marque Déméter). ***Germinance*** organise la mise en place et le suivi des cultures de porte-graines, reçoit les semences, les nettoie, les trie, les vérifie (taux de germination), les conditionne et les vend, par correspondance, auprès des jardiniers.

De Guillet à Kokopelli, l'aventurier visionnaire

Dominique Guillet, c'est encore une autre aventure...La volonté de préserver les variétés anciennes à l'échelle planétaire. En 1994, il crée Terre de semences qui propose des centaines de variétés, avec une forte dominante d'espèces originaires d'Amérique latine. Puis en 1999, c'est l'***association Kokopelli*** qui reprend le flambeau de Terre de semences. Il s'agit toujours d'œuvrer à la protection de la biodiversité et à la production et distribution de semences issues de l'agriculture biologique et biodynamique.

Après les pionniers, les producteurs : le réseau Semences paysannes

Pendant ce temps-là, nombre d'agriculteurs continuent à reproduire leurs semences : Céréales, protéagineux (Pois, Féverolles...), oléagineux (Tournesol). Dans les

années 1990, une nouvelle réglementation se met progressivement en place. Elle vise à limiter, voire interdire la reproduction et l'échange de semences de ferme.
Face à cette menace, de nombreux producteurs décident de réagir... avec principalement deux organisations : le syndicat ***Confédération paysanne***, et ***Nature et Progrès***, la plus ancienne organisation regroupant producteurs et consommateurs biologiques.
Les 27 et 28 février 2003, une rencontre se déroula à Auzeville (près de Toulouse) ; 350 personnes ont alors mis sur pied le réseau ***Semences paysannes*** et publié la déclaration d'Auzeville : « La semence paysanne est menacée lorsque l'agriculture industrielle réduit la diversité et le nombre de paysans et remplace les variétés de pays par des variétés homogènes et stables. »
L'éditorial du premier bulletin du réseau est explicite :

Côté face, la grande majorité des paysans de la planète ressèment leurs récoltes et échangent leurs semences et leurs plants avec ou sans accord des lois. Refusant l'uniformité mortifère des lignées pures, hybrides, clones et autres vitro-plants, ils cultivent la diversité et la variabilité qui permettent aux plantes de s'adapter par elles-même à leurs pratiques paysannes ou biologiques. Par-delà les frontières et les continents, ils échangent leurs savoir-faire techniques, scientifiques, juridiques, leurs meilleures graines et leurs meilleurs plants.
Côté pile, le discours médiatique nous annonce la victoire irréversible des OGM. On n'arrête pas le « progrès », tant pis s'il a pour conséquence la mise au frigo définitive de la biodiversité. Le moratoire, pourtant encore en vigueur, est déjà décrété mort.(...) Les pressions administratives se multiplient chez ceux qui cultivent ou échangent des semences paysannes pendant que des OGM illégaux contaminent impunément les champs et les rayons de supermarchés. Au Brésil, les multinationales organisent elles-même la contrebande d'OGM interdits, en Afrique c'est l'arme de « l'aide alimentaire » qui la légitime. Au Mexique, le centre d'origine du maïs est déjà contaminé, et nous pouvons faire confiance à l'aide américaine en Irak pour contaminer le centre d'origine du blé.
Les semences paysannes existent depuis que l'homme cultive des plantes. Un peu de terre, un peu d'eau et la main des paysans leur suffisent.
Rien ne peut arrêter leur développement. Notre réseau y contribuera.

Et maintenant...

Si un agriculteur n'a pas le droit de vendre de semences, il reste libre de vendre sa récolte de graines... à d'autres agriculteurs pour l'alimentation animale, aux particuliers pour leur alimentation ; par exemple sous forme de graines germées, dont la valeur nutritive est sans égale... Et si ceux-ci décident de semer ces graines, l'agriculteur producteur n'en est pas responsable.
Quant à l'échange de graines entre jardiniers amateurs, il est du domaine de la vie privée.
Maintien des échanges, lutte contre les OGM, organisation en réseau... Tout cela contribue à maintenir la biodiversité... Tout cela *est* la biodiversité.

En 2004, le réseau Semences paysannes lançait une pétition, manifeste de la préservation de la biodiversité agricole :

SAUVONS LES SEMENCES PAYSANNES
Premier maillon de la chaîne alimentaire
Parce qu'ils n'ont pas le droit d'en échanger les semences et les plants, les paysans ont de plus en plus de mal à cultiver les savoureuses variétés anciennes ou de terroir, ou celles qu'ils mettent au point pour se passer de pesticides. Les consommateurs se trouvent ainsi la plupart du temps face à des légumes, fruits, céréales et autres aliments issus de variétés standards, de plus en plus insipides, déséquilibrés et souvent chargés de résidus de pesticides.
La réglementation, telle qu'elle s'applique en France, interdit aux paysans d'échanger, de donner ou de diffuser leurs propres semences et plants. Un agriculteur (un pépiniériste ou un semencier) ne peut diffuser ou échanger des semences ou des plants que si la variété est inscrite sur le « catalogue officiel ». Or, cette inscription, outre un coût élevé inaccessible pour un paysan, exige de la part des variétés concernées une uniformité et des caractéristiques techniques qui ne sont pas adaptées à la diversité des terroirs ni aux modes de production écologiques. Ces contraintes s'opposent à l'indispensable préservation de la biodiversité.
Certes, une liste réduite dite « amateur » permet la diffusion de quelques variétés anciennes de potagères et fruitiers... mais à condition qu'elles ne soient cultivées que pour la propre consommation du jardinier, sans aucune vente possible de la récolte.
Les semenciers et pépiniéristes industriels préfèrent multiplier leurs quelques variétés sélectionnées pour les besoins d'une agriculture industrielle de plus en plus dépendante de la chimie. Ce sont souvent des hybrides dont le paysan ne peut pas ressemer la récolte, demain ce pourraient être des OGM. Les variétés paysannes, traditionnelles ou de terroir, pourtant mieux adaptées aux conditions spécifiques et locales de culture, ne les intéressent pas.
Les consommateurs ont de moins en moins accès aux fruits, aux légumes ou aux céréales issus de cette biodiversité. On leur impose à leur insu des variétés sélectionnées d'abord pour leur stockage dans les supermarchés et pour les transformations industrielles.
Il est urgent de changer cette réglementation qui détruit la biodiversité des espèces cultivées et concentre la production et la consommation autour de quelques variétés industrielles standards.
Pour préserver la biodiversité,
Pour une agriculture riche et variée,
Pour le droit à une consommation libre et saine.
Exigeons la liberté de diffuser les plants et semences paysannes !

Organisée à l'initiative du Réseau Semences paysannes, cette campagne est soutenue par (liste au 25/08/2004) : Nature & Progrès, Confédération paysanne, Action Consommation, Afrique verte, ASPAARI, Association pour la régénération de la vigne, ATTAC, BEDE, Bio d'Aquitaine, Civam Bio 06, Civam Bio Corse, CNDSF, Coordination rurale, CRIIGEN, FNAB, Fondation Sciences citoyennes, FRAPNA-Ardèche, FRAPNA Rhône-Alpes, Fruits oubliés, GAB Île-de-France, GABNOR, Germinance, Geyser, GIET, Greenpeace, Le Biau Germe, MCBD, MDRGF, OGM-Danger, RAD, RFJAE, Semailles, Simples, SABD, SPBio-LR, Terra Bio Corse, VSF-CICDA, WWF-France.

ANNEXES

◀ *Mauve sylvestre.*

Production et commercialisation de graines

La production et la commercialisation des graines sont soumises à un certain nombre de textes réglementaires, assez complexes, car toutes les espèces ne relèvent pas du même régime. Cette réglementation concerne surtout la production professionnelle et la commercialisation des graines, mais le jardinier amateur doit savoir ce qu'il ne doit pas faire et bénéficier d'une information sur les graines qu'il achète et sur les garanties qu'elles présentent.

Espèces végétales cultivées

La réglementation précise les différentes espèces végétales cultivées :

• D'abord les espèces figurant au *Catalogue officiel des espèces et variétés* publié tous les ans par le GNIS (Groupe national interprofessionnel des semences et des plants) : plantes de grande culture et espèces potagères. Dans cette liste ne figurent pas tous les légumes cultivés. Pour chacune des plantes concernées, toutes les variétés inscrites, c'est-à-dire faisant l'objet de contrôles, sont répertoriées. Parmi elles, un certain nombre sont protégées, leur reproduction étant réservée à l'obtenteur.

• Nombre d'anciennes variétés de ces espèces, n'ayant plus de mainteneur pour assurer la sélection conservatrice et payer les frais de maintien au catalogue, ont disparu de celui-ci.

Jusqu'à ces dernières années, il était interdit de commercialiser des graines de variétés ne figurant pas au catalogue. La demande de vieilles variétés devenant forte, les organismes officiels tolèrent que ces variétés soient proposées uniquement aux jardiniers amateurs, en les considérant comme ornementales (« de loisir »). Mais leur diffusion aux producteurs professionnels reste interdite.

Ces règles nationales sont maintenant complétées par les règles européennes, une variété figurant sur un catalogue officiel d'un pays de l'Union européenne étant automatiquement homologuée dans tous les autres pays.

• Toutes les espèces ne figurant pas au catalogue – autres légumes, aromates, fleurs, arbres – se retrouvent « hors normes ». Leurs seules dénominations légales sont le nom botanique en latin et, éventuellement, les noms déposés par les obtenteurs. Pour les aromates et les arbres, la seule garantie reste le nom botanique en latin qui, seul, peut éviter les confusions et les tromperies.

• Les conventions établies entre les agriculteurs-multiplicateurs et les producteurs-grainiers (homologuées par arrêté ministériel) fixent un certain nombre d'obligations qualitatives aussi bien pour les fleurs que pour les légumes : pourcentage minimal de faculté germinative, normes d'isolement, liste des espèces à germination lente.

• Il existe enfin des périmètres de sécurité pour éviter les hybridations intempestives ou pour préserver les conditions sanitaires. Ils définissent les distances minimales entre deux variétés de la même espèce. Dans les zones de production grainière importante, ils peuvent être érigés en zones protégées (loi de 1972), ce qui interdit la culture d'autres variétés de la même espèce.

Graines d'arbres forestiers

Leur commercialisation est strictement réglementée ; des parcelles de porte-graines sont sélectionnées par le Cemagref qui publie le *Répertoire national des matériels de base français des essences forestières*. Les maisons de graines doivent demander chaque année l'autorisation de collecte pour chacune des parcelles sur lesquelles elles souhaitent récolter des graines. Cette autorisation est accordée après vérification de la qualité de la récolte par un technicien forestier. Les fruits ou graines sont mis en sacs plombés dès leur récolte.

Multiplication par les jardiniers amateurs

Les jardiniers amateurs n'ont pas le droit de multiplier n'importe où toutes les espèces et variétés. Sont interdites :

• la multiplication des variétés protégées : la mention « Variété protégée. Reproduction interdite » figure sur l'emballage ; il s'agit de variétés récentes dont les obtenteurs veulent garder l'exclusivité. En pratique, il s'agit de variétés « modernes » (souvent des hybrides) , peu intéressantes à multiplier pour le jardinier amateur. Celui-ci cherchera plutôt à multiplier des variétés rares et anciennes, non concernées par cette interdiction ;

• la multiplication d'une espèce est interdite dans une « zone protégée » d'une variété de l'espèce, c'est-à-dire une zone de forte production grainière. Dans une même région, il y a généralement peu d'espèces concernées, ce qui laisse aux amateurs de nombreuses espèces à multiplier. Les zones en questions ne sont pas toujours connues. Lorsque l'on voit près de chez soi des champs de légumes en fleurs, on peut penser que l'on est dans une telle zone. De toutes façons, il est impossible de conserver un bonne pureté variétale si l'on ne possède que quelques porte-graines avec à proximité des milliers de porte-graines d'autres variétés de la même espèce.

Les dénominations

Dans les réseaux d'échanges entre amateurs, les noms de variétés se multiplient rapidement, et une même variété figure souvent sous plusieurs appellations plus ou moins locales. En cas de doute sur le nom de la variété, mieux vaut la mettre entre guillemets, ce qui n'empêche pas de la multiplier et de l'échanger entre amateurs.

Peut-être un jour sera-t-elle suffisamment connue pour que l'on fasse des essais officiels en culture qui permettront de vérifier son homogénéité et de la rattacher à une variété existante ou de l'authentifier comme variété.

Longévité

La durée de vie d'une graine est très variable selon les espèces et les conditions de conservation. Elle peut varier de quelques jours à plusieurs centaines d'années.

Germination des graines de fleurs

Délai : délai de germination maximal en jours (« 1 » indique les plantes figurant sur la liste des espèces à germination lente de la convention type homologuée de multiplication).
gr / g : nombre de graines au gramme.
DG : durée germinative maximale en années.
T°C : température moyenne de germination (en degrés Celsius).
N : graines ayant besoin d'obscurité pour germer.
En italique : chiffres estimés par l'auteur en l'absence de données contrôlées.

Espèce ou variété	Nom latin	Famille	Délai	gr / g	DG	T °C
Achillée millefeuille	*Achillea millefolium*	Astéracées	14	5 000	4	25
Aconit napel	*Aconitum napellus*	Renonculacées	-	300	3	*15*
Acrolinium	*Helipterum roseum*	Astéracées	14 1	300	3	21
Adonide	*Adonis*	Renonculacées	30	100	4	12
Ageratum	*Ageratum mexicanum*	Astéracées	*7*	6 000	4	20
Agrostis	*Agrostis*	Graminées	-	18 000	5	*10*
Alysse odorante	*Alyssum*	Brassicacées	14 1	3 000	4	12
Amarante crête de coq	*Amaranthus*	Amarantacées	10 1	1 000	5	20
Ancolie	*Aquilegia*	Renonculacées	21 1	600	2	25
Anémone coronaria	*Anemona coronaria*	Renonculacées	30	1 200	3	12
Anthémis	*Anthemis frutescens*	Astéracées	14	2 100	5	20
Arctotis	*Arctotis grandis*	Astéracées	21	500	3	20
Aster	*Aster*	Astéracées	-	1 000	-	*15-20*
Aubriète	*Aubrietia*	Brassicacées	16	2 800	3	20
Balsamine	*Impatiens balsamina*	Balsaminacées	8 1	180	8	20
Bégonia	*Begonia*	Bégoniacées	21	70 000	3	20
Belle-de-jour	*Convolvules tricolor*	Convolvulacées	16	95	5	25
Belle-de-nuit	*Mirabilis japala*	Nyctaginacées	16 1	13	3	20
Benoîte	*Gum coccineum*	*Rosacées*	*21 1*	*500*	*2*	*20*

Espèce ou variété	Nom latin	Famille	Délai		gr / g	DG	T °C
Brome	*Bromus*	Graminées	-		80/200	2	*10*
Buglosse	*Anchusa*	Borraginacées	21		32	3	25
Calcéolaire	*Calceolaria*	Scrophulariacées	16		42 à 63 000	4	20
Campanule	*Campanula*	Campanulacées		1	4 à 68 000	-	*15-20*
Capucine	*Tropaeolum*	Tropaeolacées	16	1	9	4	20
Catananche		Astéracées	16		300	-	20
Célosie	*Celosia*	Amarantacées	10	1	1 300	4	20
Centaurée barbeau	*Centaurea*	Astéracées	6		220	3	12
Cheiranthus	*Erysimum allionii*	Brassicacées	10		800	2	20
Chrysanthemum coronararium	*Chrysanthemum*	Astéracées		1	600	-	*15*
Cinéraire maritime	*Cineraria (Senecio)*	Astéracées	21	1	2 000	5	12
Clarkia	*Clarkia elegans*	Œnothéracées	10		3 000	3	20
Cléome	*Cleome Spinosa*	Capparacées	16		530	1	20
Cobée	*Cobaea scandens*	Polémoniacées	16		15	2	20
Coquelicot	*Papaver Rhoeas*	Papavéracées	16		6 000	6	12
Coquelourde	*Lychnis coronaria*	Caryophyllacées		1	210		*15-20*
Corbeille d'argent	*Cerastium*	Caryophyllacées	10		2 900	4	20
Coreopsis elegans	*Coreopsis*	Astéracées	16		3 700	3	25
Coreopsis lanceolata	*Coreopsis*	Astéracées			*400*	2	20
Cosmos bipinnatus	*Cosmos bipinnatus*	Astéracées	10		*190*	2	20
Cyclamen	*Cyclamen*	Primulacées	30		*110*	5	20 N
Cynoglosse	*Cynoglossum*	Borraginacées	16		*200*		20
Dahlia	*Dahlia*	Astéracées	30	1	*120*	3	25
Datura	*Datura stramonium*	Solanacées	16		*72*	5	25
Digitale	*Digitalis*	Scrophulariacées	16	1	*10 000*	2	20

Espèce ou variété	Nom latin	Famille	Délai	gr / g	DG	T °C
Dimorphotheca	*Dimorphotheca*	Astéracées	10	420	2	20
Doronic	*Doronicum caucasicum*	Astéracées	21	1 400	-	20
Echinops	*Echinops ritro*	Astéracées	16 1	35	3	20
Echium (Vipérine)	*Echium Fastuosum*	Borraginacées	16	265	-	20
Édelweiss	*Leontopodium alpinum*	Astéracées	45	10 000	2	*15*
Eragrostis	*Eragrostis elegans*	Graminées	-	4 000	-	*10-15*
Erigeron	*Erigeron*	Astéracées	10	3 000	-	20
Eryngium (panicaut)	*Eryngium*	Apiacées	-	100	-	*15-20*
Eschscholzia	*Eschscholzia californica*	Papavéracées	20 1	640	2	10-15
Euphorbe	*Euphorbia*	Euphorbiacées	21	24 à 60	1	20
Ficoïde	*Mesembryanthemum*	Aizoacées	21	5 600	4	25
Gaillarde	*Gaillardia*	Astéracées	16 1	200 à 350	4	25
Gazania	*Gazania Splendens*	Astéracées	16 1	500	-	20
Gaura	*Gaura lindheimeiri*	Œnothéracées	16	70	-	20
Gentiane	*Gentiana acaulis*	Gentianacées	60	3 400	brève	*10-15*
Gerbera	*Gerbera jamesonii*	Astéracées	16	350	6 mois	20
Gilia	*Gilia tricolor*	Polémonacées	10	1 600	-	10
Giroflée annuelle	*Cheiranthus*	Brassicacées	16	600	4	20
Giroflée ravenelle	*C. cheirii*	Brassicacées		550	*5*	12
Godetia	*Godetia grandiflora*	Onagracées	21	1 800	*3*	20
Gypsophila elegans	*Gypsophila*	Caryophyllacées	1	2 000	-	*10-15*
Haricot d'Espagne	*Phaseolus multifloris*	Légumineuses	-	0,5	*3*	*15-20*
Hélénie	*Helenium autumnale*	Astéracées	10	420	-	25
Hélianthème	*Helianthemum*	Cistacées	-	800	-	*15-20*
Heliopsis	*Heliopsis scabra*	Astéracées	16	230	-	25

Espèce ou variété	Nom latin	Famille	Délai	gr / g	DG	T °C
Héliotrope	*Heliotropum peruvianum*	Borraginacées	21 1	1 500	2	25
Hellébore	*Helleborus niger*	Renonculacées	-	150	brève	15-20
Heuchère	*Heuchera*	Saxifragacées	16	28 000	-	20
Hunemannie	*Hunnemania*	Papavéracées	-	250	-	15-20
Immortelle annuelle	*Xeranthemum*	Astéracées	16	740	2	20
Immortelle à bractées	*Helichrysum*	Astéracées		1 800		20
Impatiens	*Impatiens*	Balsaminacées	16	2 000	2	20
Incarvillea	*Incarvillea*	Bignonacées	-	180	1	15
Ipomée	*Volubilis ipomoea*	Convolvulacées	10	30	4	20
Julienne de Mahon	*Hesperis*	Brassicacées	10	2 700	8	20
Kochia	*Kochia scoparia*	Chénopodiacées	100	1 100	1	25
Lugurus	*Lagurus ovatus*	Graminées	16	1 300	4	20
Lantana	*Lantana*	Verbénacées	21	45	3	25
Larme-de-Job	*Coix lacryma-jobi*	Graminées	21	4	10	20
Lavatère	*Lavatera trimestris*	Malvacées	10 1	185	4	12
Leptosiphon	*Linanthus grandiflorus*	Polémoniacées	16	5 000	3	20
Liatris	*Liatris spicata*	Astéracées	10	300	3	15-20
Lin	*Linum*	Linacées	1	320	6	12
Linaire	*Linaria*	Scrophulariacées	16 1	18 750	4	20
Lobelia erinus	*Lobelia*	Campanulacées	16	35 000	4	20
Lupin	*Lupinus*	Légumineuses	21 1	10/50	4	25
Lychnis	*Lychnis chalcedonica*	Caryophyllacées	10 1	2 600	4	25
Malope	*Malope trifida*	Malvacées	7 1	310	3	20
Mimulus	*Mimulus cupreus*	Scrophulariacées	16	26 000	5	15-20
Molucella	*Molucella laevis*	Lamiacées	-	135	-	15-20

Espèce ou variété	Nom latin	Famille	Délai	gr / g	DG	T °C
Monarde	*Monarda didyma*	Lamiacées	45	2 180	-	15-20
Muflier	*Antirrhinum majus*	Scrophulariacées	16 1	7 500	4	20
Myosotis	*Myosotis*	Borraginacées	16 1	1 800	2	25
Nemesia	*Nemesia strumosa*	Scrophulariacées	16	4 500	3	12
Némophile	*Nemophila*	Hydrophyllacées	16	550	2	12
Nepeta	*Nepeta Mussini*	Lamiacées	16	100	-	20
Nierembergia	*Nierenbergia frutescens*	Solanacées	-	6 700	-	15-20
Nigelle	*Nigella*	Renonculacées	21 1	420	2	25
Œillet des fleuristes	*Dianthus caryophyllusa*	Caryophyllacées	10	450		
Œillet de Chine	*Dianthus sinensis*	Caryophyllacées		600		15-20
Œillet de poète	*Dianthus barbatus*	Caryophyllacées		800	3	20
Œillet d'Inde (Tagetes)	*Tagetes patule*	Astéracées	-	300	-	15-20
Orpin	*Sedum*	Crassulacées	-	21 000	-	15-20
Pâquerette	*Bellis perennis*	Astéracées	10 1	6 500	5	20
Pavot	*Papaver*	Papavéracées	21 1	6 000	2	20
Pelargonium zonale	*Pelargonium zonale*	Géraniacées	16	265	4	20
Pennisetum	*Pennisetum*	Graminées	30	450	4	20
Pensée	*Viola tricolor hortensis*	Violariacées	16 1	800	-	15-20
Pentsemon	*Pentsemon*	Scrophulariacées	21	2 500	2	15
Perilla	*Perilla frutescens*	Lamiacées	16 1	640	3	25
Pervenche	*Vinca*	Apocynacées	10	800	2	20
Pétunia	*Petunia*	Solanacées	16 1	11 000	2	25
Phacelia	*Phacelia tanacaetifolia*	Hydrophyllacées	-	525	-	15
Phlox de Drummond	*Phlox drummondii*	Polémoniacées	16 1	500	2	16
Physalis	*Physalis ssp.*	Solanacées	21 1	650	2	20

Espèce ou variété	Nom latin	Famille	Délai	gr / g	DG	T °C
Physostegia	*Physostegia virginiana*	Lamiacées	-	640	1	*15-20*
Pied d'alouette	*Delphinium*	Renonculacées	21 1	500	1	25
Pois de senteur	*Lathyrus odoratus*	Légumineuses	10 1	10/20	2	20
Pourpier	*Portulaca grandiflora*	Portulacées	21 1	9 400	3	20
Primevère	*Primula ssp.*	Primulacées	21 1	6 à 15 000	2	25
Pyrethrum parthenium	*Chrysanthemum parthenium*	Astéracées	10	5 700	12	20
Reine-marguerite	*Callistephus sinensis*	Astéracées	10	450/600	2	20
Renoncule	*Ranunculus asiaticus*	Renonculacées	21	2 300	2	20
Réséda	*Reseda odorata*	Résédacées	10	900	3	25
Rodanthe	*Helipterum manglesii*	Astéracées	16	540	2	*12*
Ricin sanguin	*Ricinus communis*	Euphorbiacées	-	2	-	*15-20*
Rose d'Inde (tagetes)	*Tagetes erecta*	Astéracées	10	350	5	20
Rose trémière	*Althaea*	Malvacées	10 1	100/150	4	20
Rudbeckia	*Rudbeckia*	Astéracées	10 1	1 750	-	25
Sagine	*Sagina subulata*	Caryophyllacées	21	48 000	-	20
Salpiglossis	*Salpiglossis sinuata*	Solanacées	16 1	4 100	5	25
Sanvitalia	*Sanvitalia procumbens*	Astéracées	10	210	-	25
Saponaire	*Saponaria ocymoides*	Caryophyllacées	21 1	450	3	12
Salvia splendens	*Salvia splendens*	Lamiacées	21	290	*1*	20
Salvia farinacea	*Salvia farinacea*	Lamiacées	21	910	*2*	20
Scabieuse annuelle	*Scabiosa*	Dipsacées	21 1	170	*3*	20
Silène à bouquet	*Silen armeria*	Caryophyllacées	10 1	9 000	*5*	25
Silène de Crète	*Silene pendula*	Caryophyllacées		1 200		*15-20*
Soleil	*Helianthus*	Astéracées	10 1	10/200	*4*	25
Souci	*Calendula officinalis*	Astéracées	11 1	175	*3*	20

Espèce ou variété	Nom latin	Famille	Délai	gr / g	DG	T °C
Statice sinuata	*Limonium*	Plumbaginacées	1	65/350	-	*15-20*
Tabac	*Nicotinia*	Solanacées	16	10 000	4	20
Thlaspi	*Iberis*	Brassicacées	10 1	300/400	-	20
Thunbergia	*Thunbergia*	Acanthacées	16	65	3	25
Tithonia	*Tithonia speciosa*	Astéracées	10	99	-	25
Valériane	*Centranthus ruber*	Valérianacées	21 1	540	3	12
Véronique	*Veronica spicata*	Scrophulariacées	21	20 000	4	25
Violette	*Viola*	Violariacées	21 1	800	-	12
Zinnia	*Zinnia*	Astéracées	10	100/600	-	25

Germination des graines de légumes et d'aromates

gr / g : nombre de graines au gramme.
DG : durée germinative maximale en années.
T°C : température de germination ; minimum, maximum et moyenne (tests officiels).
DMG : délai maximal de germination en jour.
L : graines ayant besoin de lumière pour germer.
En italique : chiffres estimés par l'auteur en l'absence de données contrôlées.

Espèce	Nom latin	Famille	gr / g	DG	T °C Germination mini / maxi / moyen optimale	DMG
Absinthe	*Artemisia absinthium*	Astéracées	11 500	4	- - 25	10
Aneth	*Anethum graveolens*	Apiacées	900	2-3	- - 20	26
Angélique officinale	*Angelica archangelica*	Apiacées	170	1 maxi	- - 20	20
Anis vert	*Piminella anisum*	Apiacées	200	2	- - 20	26
Arroche	*Atriplex hortensis*	Chénopodiacées	250	4 à 6	- - 20	16
Artichaut	*Cynara scolymus*	Astéracées	25	6-7	- - 20	20
Asperge	*Asparagus officinalis*	Liliacées	50	4-5	10 35 16 à 30	26
Aubergine	*Solanum melongena*	Solanacées	250	6	15 35 25	16 L
Basilic	*Ocimum basilicum*	Lamiacées	800	8	- - 20	26 L
Betterave	*Beta vulgaris*	Chénopodiacées	50	6	5 35 16 à 30	7
Bourrache	*Borrago officinalis*	Borraginacées	65	8	- - 20	16
Cardon	*Cynara cardunculus*	Astéracées	25	7	- - 20	16
Carotte	*Daucus carota*	Apiacées	950	4	5 35 7 à 30	16
Carvi	*Carum carvi*	Apiacées	350	3	- - 20	16
Céleri	*Apium graveolens*	Apiacées	2 500	4 à 6	5 30 16 à 21	26 L
Cerfeuil	*Anthriscus cerefolium*	Apiacées	450	3	- - 20	16
Cerfeuil tubéreux	*Chaeraphyllum bulbosum*	Apiacées	450	1	- - 20	20-30
Cerfeuil vivace	*Myrrhys odorata*	Apiacées	40	1 maxi	- - 20	6-7 mois
Chicorées (frisées et scaroles)	*Cichorium endiva*	Astéracées	600	8 à 10	9 28 20	16 L

Espèce	Nom latin	Famille	gr / g	Durée germin. en années	T °C Germination mini / maxi / moyen optimale	DMG
Chicorée sauvage	*Cichorium intybus*	Astéracées	600	6 à 8	9 28 20	16 L
Choux	*Brassica oleracea*	Brassicacées	350 à 550	4 à 6	5 38 7 à 30	16
Ciboule	*Allium fistulosum*	Liliacées	300	3	- - 20	16
Ciboulette	*Allium schoenoprasum*	Liliacées	300	3	- - 20	16
Concombre, Cornichon	*Cucumis sativa*	Cucurbitacées	35	8-10	16 41 25	10
Coriandre	*Coriandrum sativum*	Apiacées	90	5	- - 15	26
Courgette	*Cucurbita pepo*	Cucurbitacées	6 à 8	5 à 8	15 38 20 à 25	10
Crambe	*Crambe maritima*	Brassicacées	15 à 18	1	- - 15 à 20	-
Cresson aliénois	*Lepidium sativum*	Brassicacées	450	5	- - 20	10 L
Épinard	*Spinacia oleracea*	Chénopodiacées	100	4	1,5 30 7 à 24	26
Fenouil	*Foeniculum dulce*	Apiacées	200	4	- - 25	16
Fève	*Vicia faba*	Fabacées	0,4 à 1	5	- - 20	-
Fraisier	*Fragaria ssp.*	Rosacées	800 à 2 500	3	difficile	
Gesse	*Lathyrus sativus*	Fabacées	4	5	- - *15 à 20*	10
Haricot commun	*Phaseolus vulgaris*	Fabacées	< 1	3	15 35 16 à 30	7
Haricot d'Espagne	*Phaseolus cocineus*	Fabacées	< 1	3	- - 15 à 20	7
Hysope	*Hysopus officinalis*	Lamiacées	850	3	- - 20	26
Laitue	*Lactuca sativa*	Astéracées	800	5	1,5 30 15 à 27	8 L
Lavande	*Lavandula ssp.*	Lamiacées	-	5	- - 20	26
Lentille	*Lens culinaris*	Fabacées	10 à 40	4	- - *15 à 20*	16
Livèche = ache	*Levisticum officinalis*	Apiacées	300	3	- - 20	26
Mâche	*Valerianella locusta*	Valérianacées	600 à 1 000	5	- - 15 à 20	26
Maïs sucré	*Zea mays*	Graminées	4 à 5	2	- - 15 à 20	7
Marjolaine	*Origanum majorana*	Lamiacées	4 000	3	- - 20	16L
Mélisse officinale	*Melissa officinalis*	Lamiacées	200	4	- - 20	26

Espèce	Nom latin	Famille	gr / g	Durée germin. en années	T °C Germination mini / maxi / moyen optimale	DMG
Melon	*Cucumis melo*	Cucurbitacées	35	5	16 38 20 à 35	10
Moutarde	*Brassica juncea*	Brassicacées	650	4	- - 15	10
Navet	*Brassica rapa*	Brassicacées	450 à 700	5	- - 10 à 20	10
Oignon	*Allium cepa*	Liliacées	250	2	1 35 10 à 30	26
Origan	*Origanum vulgare*	Lamiacées	1 000	5	- - 20	16
Oseille	*Rumex acetosa*	Polygonacées	450	2	- - 20	10 L
Panais	*Pastinaca sativa*	Apiacées	220	1	- - 15	26
Pâtisson	*Cucurbita pepo*	Cucurbitacées	6 à 8	5	- - 25	10
Persil	*Petroselinum crispum*	Apiacées	600	6	- - 20	26 L
Piment, Poivron	*Capsicum annuum*	Solanacées	150	2	- - 19 à 28	16 L
Pissenlit	*Taraxacum officinalis*	Astéracées	900 à 1 700	2	- - 15 à 25	10
Poireau	*Allium porrum*	Liliacées	400	2	1,7 - 7 à 25	26
Poirée (Bette)	*Beta vulgaris*	Chénopodiacées	60 à 90	6	5 35 16 à 30	7
Pois	*Pisum sativum*	Fabacées	2 à 6,5	3	5 30 8 à 24	7
Pois-chiche	*Cicer arieticum*	Fabacées	3	3	- - 20	7
Pourpier	*Portulaca oleracea*	Portulacées	3 000	7	- - 20	26
Radis	*Raphanus sativus*	Brassicacées	120	5	5 35 7 à 32	10
Rhubarbe	*Rheum rhaponticum*	Polygonacées	50	2	- - 20	26
Romarin	*Rosmarinus officinalis*	Lamiacées	900	3	- - 20	26
Roquette	*Eruca sativa*	Brassicacées	550	4	- - 15	10
Rue	*Ruta graveolens*	Rutacée	-	4	- - 20	16
Salsifis	*Tragopogon porrifolium*	Astéracées	100	2	- - 15	16
Sarriette commune	*Satureia hortensis*	Lamiacées	1 500	3	- - 20 à 25	16 L
Sarriette vivace	*Satureia montana*	Lamiacées	2 500	3	- - 20	16 L
Sauge officinale	*Salvia officinalis*	Lamiacées	250	3	- - 15 à 20	26

Espèce	Nom latin	Famille	gr / g	Durée germin. en années	T °C Germination mini / maxi / moyen optimale	DMG
Scorsonère	*Scorzonera hispanica*	Astéracées	90	2	2 - 5 à 17	16
Tétragone	*Tetragonia tetragonoides*	Ficoidacées	12	4	- - 20	26
Thym	*Thymus vulgaris*	Lamiacées	6 000	3	- - 15	16
Tomate	*Lycopersicum esculentum*	Solanacées	300 à 400	4	10 35 16 à 30	16

Lexique

Allogamie : mode de reproduction sexuée où la fécondation s'effectue entre le pollen et l'ovule de deux fleurs différentes.
Anémophilie : faculté d'une plante dont le pollen peut être transporté par le vent.
Angiosperme : sous-embranchement des Phanérogames (végétaux à fleurs) dont les ovules sont protégés par un ovaire complètement clos qui donnera le fruit, contenant les graines.
Annuelle : plante dont le cycle végétatif se déroule sur une année.
Bisannuelle : plante dont le cycle végétatif se déroule sur deux années.
Bulbe : organe végétal de réserve ; de forme arrondie, il est constitué d'une tige à entrenœuds très courts, souvent figurés par des écailles.
Calice : partie de l'enveloppe de la fler comrenant les sépales.
Clone : ensemble d'individus strictement identiques, possédant exactement le même matériel génétique, issu d'une même cellule initiale, obtenus par division non sexuée.
Corolle : partie de l'enveloppe de la fleur comprenant les pétales. Corolle et calice constituent le périanthe.
Déhiscence : caractéristique d'un fruit s'ouvrant de lui-même pour libérer la graine.
Dioïque : se dit des plantes chez lesquelles les sexes sont séparés, avec des pieds mâles et des pieds femelles : Actinidia, Épinard, Chanvre, Houblon, etc.
Dissémination : action de dispersion des grains de pollen ou des graines par différents aceteurs (vent, animaux, hommes, etc.)
Dormance : incapacité temporaire pour une graine de germer.
Embryon : dans la graine, germe qui donne naissance à une plantule. L'embryon comporte les ébauches des organes végétatifs.
Entomophilie : faculté d'une plante à produire une plante transportable par les insectes.
Espèce : rassemblement d'individus, nés de parents communs, qui se ressemblent entre eux plus qu'aucun autre, et qui se reproduisent de génération en génération en restant identiques à eux-mêmes. La notion d'espèce est marquée par les critères de ressemblance et d'interfécondité. Une même espèce botanique peut regrouper plusieurs plantes cultivées.
Étamine : organe mâle des plantes à fleurs, constitué d'une partie grêle (le filet) portant à son extrémité l'anthère, support des grains de pollen, qui contiennent les cellules sexuelles mâles.
Faculté germinative : pourcentage de graines levant dans un temps donné, caractéristique de la variété.
Énergie germinative : pourcentage de graines levant dans la moitié ou le tiers du temps affecté à la faculté germinative. C'est une donnée qualitative.
Évolution : succession des transformations élémentaires des êtres vivants dues aux changements (mutations) génétiques.
Famille : regroupement des genres possédant des caractères communs, en particulier au niveau de leur système reproducteur, ou certains caractères morphologiques : par exemple la tige quadrangulaire des Lamiacées.
Genre : regroupement d'espèces se ressemblant et possédant des caractères communs. Chaque plante est dénommée par son nom de genre et par son nom d'espèce ; par exemple, le genre *Cucumis* regroupe les espèces *melo* (Melon) et *sativa* (Concombre et Cornichon).
Gymnosperme : sous-embranchement des Phanérogames (végétaux à fleurs) dont les ovules sont à nu et dont les graines ne sont pas enfermées dans les fruits. C'est le cas des Conifères et du Gingko biloba.
Hâtif : dont la durée de culture avant récolte est courte.
Hermaphrodite : se dit des fleurs bisexuées, portant à la fois les organes mâles (étamines) et femelles (ovaires).

Hybride : résultat du croisement de deux sujets de lignées différentes ; au sein d'une même espèce, on parle d'hybrides intra spécifiques ; entre deux espèces on parle d'hybrides inter-spécifiques.
Monoïque : se dit d'une plante à fleurs unisexuées, mais portant des fleurs mâles et des fleurs femelles sur le même pied : Maïs, Cucurbitacées…
Ovaire : organe reproducteur femelle où se forment les ovules et qui donnera le fruit.
Panicule : ensemble de fleurs rassemblées en grappe d'épillets comme le Maïs par exemple.
Pédoncule : ramification terminale de la tige portant la fleur.
Pétale : ensemble des pièces formant la corolle d'une fleur.
Phanérogames : nom générique donné aux plantes à graines.
Pollen : poussière colorée, la plupart du temps jaune, portée par les étamines et constituée de grains qui contiennent les cellules sexuelles mâles.
Pistil : organe reproducteur femelle, voie d'accès des cellules sexuelles mâles vers les ovules contenus dans l'ovaire.
Précoce : dont la mâturité est effective tôt dans l'année comparée à une plante plus tardive.
Pureté spécifique : pourcentage du poids de graine appartenant à l'espèce considérée.
Pureté variétale : pourcentage du poids de graine appartenant à la variété considérée.
Qualité organoleptique : qualité de goût des aliments, texture, saveur, etc.
Réceptacle : extrémité du pédoncule d'une fleur sur lequel sont attachées les pièces florales ; c'est dans son renflement que se situe l'ovaire.
Rhizome : tige souterraine renflée de certaines plantes, qui émet des racines adventives par sa face inférieure et des bourgeons (devenant tige aérienne) par sa face supérieure.
Sépales : ensemble des pièces formant le calice d'une fleur.
Sélection : choix effectué dans une lignée parmi les individus, suivant un certain nombre de critères. On distingue la sélection naturelle, qui retient les individus les plus appropriés à un milieu donné, et la sélection humaine, qui se fait selon des critères culturels, économiques, etc.
Tégument : enveloppe qui protège une graine ou un ovule.
Tubercule : excroissance d'une racine, d'un rhizome, voire d'une tige aérienne où s'accumulent des réserves qui servent à nourrir la plante au moment du redémarrage de la végétation.
Variété : c'est la plus petite unité systématique, caractérisant au sein d'une espèce des individus présentant des caractères particuliers communs.
Unisexué : ne portant qu'un sexe.
Valeur culturale : mesure de la qualité d'un lot de semences, résultante de la faculté germinative et de la pureté variétale. La réglementation définit des valeurs minimales selon les catégories de semences (certifiées, standard, etc.), garantie apportée au consommateur par le Service officiel de contrôle et de certification.
Vivace : plante vivant plus de deux années.

Carnet d'adresses

Catalogues et magasins de graines rares et anciennes

Association Kokopelli
Oasis, 131, impasse des palmiers, 30100 ALÈS
Tél. : 04 66 30 64 91 / Fax : 04 66 30 61 21
Courriel : kokopelli.semences@wanadoo.fr / dominique@kokopelli.asso.fr
Site : www.kokopelli.asso.fr
Plus de 2500 espèces et variétés de graines de culture biologique et biodynamique. Vente par correspondance, sur foires et marchés, en magasin.
Indispensable pour tous ceux que les graines passionnent : Les Semences de Kokopelli, de Dominique Guillet, un guide/catalogue unique, à commander à l'association ci-dessus.

Germinance
François Delmont, Les Rétifs, 49150 SAINT MARTIN d'ARCÉ,
Tél. : 02 41 82 73 23 / Fax : 02 41 82 86 48
Courriel : semaille@semaille.com
Plus de 160 variétés anciennes ou du domaine public, semences biodynamiques (dénomination « Démeter »), semences potagères, de fleurs, de plantes aromatiques et médicinales, vente par correspondance (parution du catalogue en décembre envoyé contre trois timbres) et dans les magasins revendeurs.

GIE Le Biau Germe - « Garliet » - 47360 MONTPEZAT-D'AGENAIS
Tél. : 05 53 95 95 04 / Fax : 05 53 95 96 08
Courriel : service@biaugerme.com / Site : www.biaugerme.com
Groupement de producteurs bio du sud-ouest de la France, produisant et distribuant environ 170 espèces de variétés anciennes potagères et de fleurs. Catalogue complet jardinier ou maraîcher contre quatre timbres.

Les Semences du Puy
1, chemin Sainte-Catherine, 43000 LE-PUY-EN-VELAY
Tél. : 04 71 02 72 40 / Fax : 04 71 02 78 35
Courriel : contact@semencesdupuy.com / Site : www.semencesdupuy.com
Spécialiste des graines d'arbres et d'arbustes : plus de 1000 variétés des cinq continents.

Graines Baumaux - BP 100 - 54062 NANCY Cedex
Tél. : 03 83 15 86 86 / Fax : 03 83 15 86 80
Trés grand choix de variétés potagères, aromatiques et florales chez ce marchand grainier : catalogue VPC en vente chez les marchands de journaux.

La Ferme de Sainte-Marthe - 41200 MILLANÇAY
Tél. : 02 54 95 45 00 / Fax : 02 54 95 45 01
Site : www.ferme-de-sainte-marthe.com
Très nombreuses espèces et variétés potagères, fraisiers, arbres et arbustes fruitiers, vente par correspondance.

Le potager d'un curieux
La Molière, 84400 SAIGNON
Tél. : 04 90 74 04 61 / Fax : 04 90 74 44 68
Entreprise familiale, production de semences biologiques potagères, de fleurs et de plantes médicinales, envoi du catalogue contre cinq timbres.

Le Jardin de Sauveterre
Jacques Girardeau, Laboutant, 23220 MOUTIER-MALCARD
Site : http://www.chez.com/sauveterre
Production et vente de semences biologiques de fleurs sauvages par correspondance.

Magellan
Zone artisanale des Landes, 24290 LA CHAPELLE - AUBAREIL
Tél. : 05 53 51 22 25 / Fax : 05 53 51 22 54
Site : http://www.magellan-bio.fr/
Bon choix de semences biologiques et de produits exclusivement autorisés en agriculture et jardinage biologique. Entreprise familiale de huit personnes. Catalogue sur demande.

Payzons ferme
Gilbert Le Geloux, Les Deux croix, 56300 NEULLIAC
Tél. : 02 97 39 64 93 / Fax : 02 97 39 65 03
Association de neuf producteurs bio proposant vingt-sept variétés de pommes de terre et deux variétés d'échalotes, vente sur place et par correspondance (catalogue).

Semailles
20, rue du sabotier, 5340 FAULX-LES-TOMBES, BELGIQUE
Tél. : 00 32 (0)81/52 02 97 / Fax : 00 32 (0)81/23 03 87
semaille@semaille.com / Site : www.semaille.com/index.htm
Propose des semences cultivées en agriculture biologique par des groupements de producteurs européens qui sont pour la plupart en biodynamie. Gamme étendue de variétés potagères, aromatiques, florales et plants de pommes de terre, d'oignons, d'échalottes et d'ail. Catalogue en échange de quatre timbres.

Échanges

Club Mémoire verte
BP 20 - 33670 LA SAUVE
Le Club Mémoire Verte rassemble des jardiniers amateurs qui refusent de voir disparaître nos vieilles variétés de légumes, rayées des catalogues commerciaux. Le réseau fonctionne par échange et par vente, et propose des fiches de culture pour chaque espèce.

À travers le monde

Organic Seed Alliance
PO Box 772, Port Townsend, WA 98368, ÉTATS UNIS
Formation et dons de semences aux pays en voie de développement.

Save Foundation
www.save-foundation.net
Sauvegarde pour l'agriculture des variétés d'Europe.

ASEED Europe
www.aseed.net - Pour la protection de la biodiversité en Europe.

Primal Seeds
www.primalseeds.org - Protection de la biodiversité en Angleterre.

Henry Doubleday Research Association
Coventry Warwickshire UK CV8 3LG
Tél. : 00 44 (0)24 7630 3517 / Fax : 00 44 (0) 24 7663 9229
Courriel : enquiry@hdra.org.uk / Site : www.hdra.org.uk

Thomson et Morgan France
BP 10, 77401 LAGNY-SUR-MARNE Cedex
Tél. : 01 60 07 91 48 / Fax : +44 14 73 68 01 99
Courriel : tmfr@thompson-morgan.com
http://seeds.thompson-morgan.com/euf/fr (catalogue en français de vente en ligne)
Le meilleur spécialiste de graines de Grande-Bretagne : des centaines de variétés de légumes et de fleurs.

Produits naturels pour le jardin

Profertyl
ZI de la Sphère, rue Léon Foucault, 14200 HÉROUVILLE-SAINT-CLAIR
Tél. : 02 31 47 15 90 / Fax : 02 31 94 88 17
Gamme de base pour le jardinagE naturel. Par correspondance (*Victor le jardinier*) ou en grande distribution (*Le jardinier naturel*). Gamme traditionnelle de produits pour le jardin naturel ainsi que des nichoirs et abris pour la faune sauvage (oiseaux, mammifères, insectes).

Hector SARL
24, rue Claire-Oster, 57200 SARREGUEMINES
Tél. : 03 87 95 33 20 / Fax 03 87 95 18 55
Produits divers pour le jardin.

Préservation de la biodiversité

Nature et Progrès France
68, boulevard Gambetta, 30700 UZÈS
Tél. : 04 66 03 23 40 / Fax : 04 66 03 23 41
Courriel : np@nature-et-progres.org
Une association de consommateurs et de professionnels unis dans un même mouvement pour une agriculture biologique respectueuse des hommes, des animaux, des plantes et de la planète. Parution d'un magazine tous les deux mois.

Ponema
Annepont, 17350 SAINT-SAVINIEN
www.ponema.org
Réseau entièrement bénévole d'un millier de passionnés des jardins naturels et sauvages. L'association fait fonctionner depuis bientôt quinze ans ans une « banque de graines » alimentée par les récoltes des adhérents et permettant l'échange des semences de près de 150 plantes sauvages de notre pays.

Savoirs de Terroirs
Le Miolaure, 07200 SAINT-JULIEN-DU-SERRE
Tél. : 04 75 35 88 50 / Fax : 04 75 35 88 51
Courriel : savoirs.de.terroirs@wanadoo.fr
Association ayant pour but d'inventorier, de sauvegarder, transmettre et valoriser le patrimoine rural. Elle a créé en 2002 deux conservatoires de semences : les cucurbitacées avec 80 variétés de courges, les pommes de terre avec 100 variétés différentes.

Association française pour la conservation des espèces végétales (AFCEV)
Conservatoire et Jardins botaniques de Nancy
100, rue du jardin botanique, 54600 VILLERS-LÈS-NANCY
Tél. : 03 83 91 84 93 / Fax : 03 83 27 86 59
Courriel : AFCEV@jardin-bota.uhp-nancy.fr
Site : http://spip.tela-botanica.org/AFCEV/
L'association s'est donné pour mission de promouvoir la conservation des espèces et variétés de plantes, tant sauvages que cultivées.

Réseau Semences paysannes
Cazalens, 81600 BRENS
Tél./ Fax : 05 63 41 72 86
Courriel : semencepaysanne@wanadoo.fr

Jardins du monde
15, rue Saint-Michel, 29190 BRASPARTS
Tél. : (33) 02 98 81 44 71
Courriel : jardinsdumonde@wanadoo.fr / Site : www.jardinsdumonde.org
Association humanitaire dont le but est de valoriser l'usage des plantes médicinales appliquées aux soins de santé communautaires dans les pays où les populations n'ont pas accès à la médecine conventionnelle.

GRAIN (Genetic Resources Action International
Girona 25, pral., E-08010, BARCELONA, ESPAGNE
Tél. : 00 34 93 301 13 81 / Fax : 00 34 93 301 16 27
Courriel : grain@grain.org / Site : http://www.grain.org/front/
Organisation non gouvernementale ayant pour objet de promouvoir une meilleure gestion des ressources génétiques. Publie en anglais la revue *Seeding*.

Organismes agricoles

BRG (Bureau des Ressouces Génétiques)
16, rue Claude Bernard, 75231 PARIS Cedex 5
Tél. : 01 44 08 72 63
Site : www.brg.pdr.fr
Coordonne la conservation des ressources génétiques, sauvages et cultivées, animales, végétales et micro-organismes.

Confédération paysanne
81, avenue de la République, 93170 - Bagnolet
Tél. : 01 43 62 04 04 / Fax : 01 43 62 80 30
Courriel : contact@confederationpaysanne.fr
Site : http://www.confederationpaysanne.fr/index.php3

GNIS (Groupement national interprofessionnel des semences et des plants)
44, rue du Louvre, 75001 PARIS
Tél. : 01 42 33 51 12
Site : www.gnis.fr
Organise et réglemente la filière des semences en France, édite la revue *Semences & Progrès*, les catalogues des variétés inscrites et les réglements techniques.

ITEIPMAI (Institut interprofessionnel des plantes à parfum, aromatiques et médicinales), BP 09, Melay, 49120 CHEMILLÉ
Tél. : 02 41 30 30 79 / Fax : 02 41 30 59 48
Courriel : iteipmai@iteipmai.asso.fr / Site : www.iteipmai.asso.fr/
Laboratoire, centre de documentation, matériel de séchage, triage des semences

Organismes de l'agriculture biologique

FNAB (Fédératoin nationale d'agriculture biologique des régions de France)
40, rue de Malte, 75011 PARIS
Tél. : 01 43 38 38 69 / Fax : 01 43 38 39 70
Courriel : fnab@fnab.org / Site : www.fnab.org

ITAB (Institut technique de l'agriculture biologique)
149, rue de Bercy, 75595 PARIS Cedex 12
Tél. : 01 40 04 50 64 / Site : www.itab.asso.fr
Édite la revue *Alter-Agri* et des documents techniques (liste sur demande).

SIMPLES (Syndicat inter-massif pour la production et l'économie des simples)
Florence, 81470 MOUZENS
Gère la mention « Simples » pour les plantes aromatiques et médicinales biologiques.

À visiter absolument...
Deux Jardins paysans résolument « engagés », conçus dans le même esprit de respect de la vie, mais dans des lieux totalement différents... l'un en marais brièron, l'autre en montagne pyrénéenne.

Les Jardins du marais, Yves Gillen et Annick Bertrand,
à Hoscas - 44410 Herbignac.
Dans une nature à priori hostile, Annick et Yves ont réalisé un jardin qui est à la fois un lieu de subsistance, une œuvre artistique et un manifeste politique...
De mai à octobre, tous les jours de 16 h à 20 h. Le matin uniquement sur rendez-vous et selon disponobilités.
Tél. : 02 40 91 47 44.

Les Jardins de Sortilège, Annie-Jeanne et Bernard Bertrand, Ferme de Terran, 31160 SENGOUAGNET.

Dans un site unique, accroché à flanc de montagne, une profusion de plantes sauvages et cultivées se côtoient pour créer autant de tableaux : jardins de la préhistoire ou du Moyen Âge, de l'amour courtois, des simples médecines ou de curé, de sorcière ou de grand-mère, sentier découverte et jardin arborée...

Autant de déclinaisons dans lesquelles dame Nature s'épanouit pleinement.

– juin et septembre : samedi et dimanche de 10 heures à 12 heures et de 15 heures à 18 heures ;

– juillet et août : tous les jours sauf le lundi aux mêmes horaires.

Renseignements « visites guidées » (l'après-midi uniquement) et programme estival de mini-stages sur simple demande au :

Tél. : 05 61 88 59 51 ou 05 61 88 81 08 / Fax : 05 61 88 80 36

Ou sur le site : www.cuisine-sauvage.com

Plus classsiques, mais non moins intéressants...

Domaine de Saint Jean de Beauregard

91940 SAINT-JEAN-DE-BEAUREGARD

Tél. : 01 60 12 00 01 / Fax : 01 60 12 56 31

http://www.domsaintjeanbeauregard.com

Du 15 mars au 15 novembre, les dimanches et jours fériés, de 14 heures à 18 heures.

Terre vivante

Domaine de Raud, 38710 MENS

Tél. : 04 76 34 80 80 / Fax : 04 76 34 84 02

Courriel : info@terrevivante.org / Site : www.terrevivante.org

Les jardins de Terre vivante illustrent les différents aspects du jardinage biologique. Ils comprennent entre autres une « prairie aux rosiers sauvages, un jardin familial type, un jardin de légumes méconnus, un jardin idéal pour les bêtes... Ouverture :

du 24 avril au 30 juin et du 1er septembre au 23 octobre : les mercredis, week-ends et jours fériés ; en juillet-août tous les jours sauf le mardi.

Horaires : de 10 heures à 18 heures.

Le centre Terre vivante édite une revue spécialisée, incontournable pour le jardinage biologique...

Les Quatre Saisons du jardinage

Contact : mêmes références que ci-dessus.

Pour compléter ce carnet d'adresses, *nous vous conseillons de consulter le* ***Guide des semences et plants biologiques et biodynamiques,*** *d'Alternat presse.*

Contact : Alternat presse, Le Bourg - 82120 Mansonville.

Tél. : 05 63 94 15 50 - Fax : 05 63 94 16 69

Site : www.alternat-presse.com

Index

S

T - V - Z

Bibliographie

Paul Moray, *Écoverger*, éditions CIEPAD, 1990.
Un petit guide présentant des techniques simples et efficaces pour la création et l'entretien d'un verger écologique, en particulier par semis.

G. Krussmann, *La Pépinière*, La Maison rustique, deux vol., 1968.
Livre de référence sur la multiplication des plantes, avec de nombreuses informations utiles pour les graines sauvages ou forestières.

Philippe Marchenay, *À la recherche des variétés locales de plantes cultivées*, éditions Page-Paca, diffusion TEC et DOC, 1977.
Comment recenser et collecter les variétés locales pour maintenir le patrimoine génétique et la diversité des terroirs.

Désiré Bois, *Les Plantes alimentaires chez tous les peuples à travers les âges, t. 1 : Phanérogames légumières*, 1927 ; *t. 3 : Plantes à épices, à aromates, à condiments*, 1934. Réédités en fac-similé en 1995 par COMEDIT, 68 bis, boulevard Pereire, 75017 Paris.
Toutes les variétés de toutes les plantes cultivées ! À consulter en bibliothèque.

« *Sauve qui peut !* », Lettre des ressources génétiques végétales, publication de la Délégation permanente à l'environnement de l'INRA, 147, rue de l'Université, 75338 Paris Cedex 07.
Pour connaître les travaux effectués et les questions qui se posent en matière de ressources génétiques végétales.

Guide des jardins botaniques de France, Pandora Éditions, 1991.
155 jardins botaniques à travers la France, leurs spécialités et les conditions de visite.

Pat Roy Mooney, *Les Semences de la terre, une richesse publique ou privée*, International Coalition for Development Action, 1980.

Jacques Grall, Bertrand Roger Lévy, *La Guerre des semences*, Fayard, 1985.

Claude Auroi, *La Diversité biologique (La vie en péril)*, Georg Éditeur, 1992, Société suisse pour la protection de l'environnement, 6, rue Saint-Ours, 1205 Genève, Suisse.

M. Chauvet et L. Olivier, *La Biodiversité, enjeu planétaire*, éditions Le Sang de la terre, Paris, 1993.

« Biodiversité : le fruit convoité », *Courrier de la planète*, oct.-nov. 1993 (11, passage Plenel, 78018 Paris).

Dominique Guillet, *Les semences de Kokopelli*, association Kokopelli, 2004.

Les livres de Jérôme Goust

Le Solaire pour tous, éd. Le Courrier du livre, 1992.

Vos Plantes Aromatiques, éd. Terre vivante, 1993.

Le Coin potager, avec Michel Lis « le jardinier », éd. Bordas, 1996 (épuisé).

La Cuisine des aromates, éd. d'Utovie, 1998.

Collection « Les chroniques du potager », éd. Actes Sud, 1998 - 2002 :
– Persil, coriandre, cerfeuil
– Carotte et Panais
– Epinard, arroche, tétragone
– Basilic, marjolaine, origan
– Thym, sarriette
– Haricot
Encyclopédie du potager (collectif), Actes Sud, 2003.

Pour mieux vivre la malentendance au quotidien, éd. Albin Michel, 1998

Guide des aides techniques pour les malentendants et les sourds, 2e éd., 2003.

Aux Éditions de Terran

De Bernard Bertrand avec la complicité d'Annie-Jeanne

Collection « Le Compagnon végétal »

Vol. 1 - Les secrets de l'Ortie
Vol. 2 - Sous la protection du Sureau
Vol. 3 - Le Pissenlit, l'or du pré
Vol. 4 - Le Frêne, arbre des centenaires
Vol. 5 - Pour l'amour d'une Ronce
Vol. 6 - Au pays des Sauges
Vol. 7 - Le Coquelicot, poète des champs
Vol. 8 - La Consoude, trésor du jardin
Vol. 9 - Parfum de Menthe
Vol. 10 - L'éloge du Plantain
Vol. 11 - Une pensée pour la Violette (avec Nathalie Casbas)
Vol. 12 - Le royaume secret du Lierre
Vol. 13 - Divine Angélique
Vol. 14 - La Bourrache, une étoile…
Vol. 15 - Mystérieuse Prêle

Les grands classiques de la cuisine sauvage

Au jardin
Des haies et des talus

Saveurs sauvages

Saveurs d'Ortie
Saveurs printanières et estivales de fleurs sauvages (en 2 volumes)
Saveurs de Sureau

Collection « Gueule de piaf »

La route des Grues
Mon pote le Moineau

Nature, jardin et patrimoine…

Les Quatre Saisons de la chevêche (photographies de Christian Fosserat)
Le Courtil des gourmets (Vincent Albouy)
La Coccinelle ou la véritable histoire de la bête à bon Dieu (P. Huet).
Nichoirs et compagnie (avec Thierry Laversin)
Purins d'Orties & compagnie (avec J.-Paul Collaert et Éric Petiot)

Juste une petite histoire (avec Éliane Haroux-Métayer)

Les Chevêches aux yeux d'or
Le Secret de Cul-blanc
Le Trésor de Jacasse
Les Jardiniers de la forêt
La Mission des Hérissons

Bernard Bertrand chez d'autres éditeurs

L'herbier oublié, secrets de plantes retrouvés, éd. Plume de carotte.
Glaner dans les Pyrénées, éd. Tétras.
Glaner sur les côtes de Bretagne, Vendée, Charentes…, éd. Tetras.

Catalogue gratuit sur simple demande en écrivant à : **Éditions de Terran, BP 4, 31160 ASPET**
site : www.cuisine-sauvage.com

Photographies de l'auteur et de Bernard Bertrand
Suivi éditorial : Annie-Jeanne Bertrand
Maquette : Sabine Facchin

Achevé d'imprimer en Espagne par
Estudios Graphicos ZURE - Bilbao
Dépôt légal 3e trimestre 2005

NORDIC ECOLABEL
544 021
Printing Paper
Low emissions during production